A CIÊNCIA DE FICAR RICO

Wallace D. Wattles

A CIÊNCIA DE FICAR RICO

São Paulo, 2024

A ciência de ficar rico

Copyright © 2024 by Novo Século Ltda.

EDITOR: Luiz Vasconcelos
PRODUÇÃO EDITORIAL: Érica Borges Correa e Graziele Sales
TRADUÇÃO: Luciene Ribeiro dos Santos de Freitas
PREPARAÇÃO: Paola Sabbag Caputo
REVISÃO: Bruna Tinti
PROJETO GRÁFICO E DIAGRAMAÇÃO: Manoela Dourado
CAPA: Ian Laurindo

Texto de acordo com as normas do Novo Acordo Ortográfico da Língua
Portuguesa (1990), em vigor desde 1º de janeiro de 2009.

Dados Internacionais de Catalogação na Publicação (CIP)
Angélica Ilacqua CRB-8/7057

Wattles, Wallace D.
    A ciência de ficar rico / Wallace D. Wattles ; tradução de Luciene
Ribeiro dos Santos de Freitas. -- Barueri, SP : Novo Século Editora, 2024.
    160 p. : il.

ISBN 978-65-5561-806-8
Título original: The Science of Getting Rich

1. Riqueza 2. Sucesso I. Título II. Freitas, Luciene Ribeiro dos Santos de

24-1943   CDD 158.1

Índice para catálogo sistemático:
1. Riqueza

Alameda Araguaia, 2190 – Bloco A – 11º andar – Conjunto 1111 CEP
06455-000 – Alphaville Industrial, Barueri – SP – Brasil
Tel.: (11) 3699-7107 | E-mail: atendimento@gruponovoseculo.com.br
www.gruponovoseculo.com.br

SUMÁRIO

PREFÁCIO

Este livro é pragmático, não filosófico; é um guia prático, não um tratado teórico. Destina-se a homens e mulheres que buscam, de maneira urgente, a prosperidade financeira; que desejam enriquecer primeiro e refletir sobre a filosofia depois. É voltado para aqueles que, até agora, não encontraram tempo, meios ou oportunidades para se aprofundar no estudo da metafísica, mas que anseiam por resultados concretos e estão dispostos a basear suas ações nas conclusões da ciência sem se perder em complexidades teóricas.

Espera-se que o leitor aceite essas afirmações fundamentais com fé, da mesma forma que acolheria as declarações sobre uma lei da elétrica se fossem proferidas por um Marconi ou um Edison. Ao aceitar essas afirmações com fé, espera-se que ele comprove sua veracidade agindo de acordo com elas, sem hesitação. Todo homem ou mulher que fizer isso certamente colherá a riqueza – pois a ciência aplicada aqui é exata, e o fracasso é impossível. Para aqueles que desejam investigar teorias filosóficas e garantir uma base lógica para a fé, citarei algumas autoridades.

A teoria monista do universo – a qual afirma que Um é Tudo, e que Tudo é Um; e que uma Substância se manifesta como os diversos elementos aparentes do mundo material – é originária do hinduísmo e vem conquistando gradualmente seu espaço no pensamento do mundo ocidental há mais de duzentos anos. É a base de todas as filosofias orientais, bem como das de Descartes, Spinoza, Leibniz, Schopenhauer, Hegel e Emerson.

Aos leitores interessados em se aprofundar nos fundamentos filosóficos, eu aconselho ler Hegel e Emerson; além de conferir "The Eternal News" ("As novidades eternas"), um excelente panfleto publicado por J. J. Brown (que mora na Cathcart Road, 300, Govanhill, Glasgow, na Escócia). Também encontrarão orientações adicionais em uma série de artigos escritos pelo mesmo autor, publicados na *Nautilus* (Holyoke, Massachusetts) durante a primavera e o verão de 1909, sob o título "What is Truth?" ("O que é a verdade?").

Ao escrever este livro, priorizei a clareza e a simplicidade de estilo, deixando de lado outras considerações para garantir que todos possam entender. O plano de ação que apresento a seguir foi deduzido das conclusões da filosofia. Ele foi exaustivamente testado e passou pelo teste supremo do experimento prático: ele realmente funciona. Se desejarem saber como cheguei a essas conclusões, recomendo a leitura dos autores mencionados anteriormente. Mas, se quiserem colher os frutos dessas filosofias na prática, leia este livro e faça exatamente o que ele diz.

O autor.

I.

O DIREITO DE
SER RICO

Independentemente do que possa ser dito em defesa da simplicidade, o fato é que não podemos viver uma vida verdadeiramente completa ou bem-sucedida sem desfrutar da riqueza. Ninguém pode atingir o auge, em termos de talento ou desenvolvimento da alma, se não tiver dinheiro. Afinal, para cultivar a alma e o talento, é preciso ter muitas coisas materiais ao nosso alcance, que só podem ser adquiridas com dinheiro.

O ser humano desenvolve a mente, a alma e o corpo fazendo uso de coisas materiais; e a sociedade está organizada de tal forma que precisamos ter dinheiro para nos tornarmos proprietários dessas coisas. Portanto, a base de todo o progresso humano deve ser a ciência de enriquecer.

O propósito fundamental da vida é o desenvolvimento; e tudo o que vive tem o direito inalienável de buscar todo o desenvolvimento que é capaz de alcançar.

O direito do ser humano à vida significa o direito de ter acesso livre e irrestrito a todas as coisas que são necessárias para seu pleno desenvolvimento mental, espiritual e físico; ou, em outras palavras, o direito de ser rico.

Neste livro, não falarei sobre a riqueza de maneira abstrata; ser rico de verdade não significa estar satisfeito ou contentar-se com pouco. Ninguém deve se satisfazer com pouco, se for capaz de usar e de desfrutar mais. O propósito da natureza é o avanço e o desenvolvimento da vida, e cada um de nós deve possuir tudo o que contribua para o poder, a elegância, a beleza e a abundância da vida. Aceitar menos seria um pecado, um desvio do nosso verdadeiro potencial.

A pessoa que tem tudo o que deseja para viver a vida que é capaz de viver: essa é verdadeiramente rica – e nenhuma pessoa com pouco dinheiro pode ter tudo o que deseja. A vida se tornou tão avançada e complexa que até mesmo a pessoa mais comum precisa de uma riqueza considerável para viver de uma maneira próxima à plenitude. Naturalmente, cada indivíduo deseja se tornar tudo o que é capaz de ser; esse desejo de realizar possibilidades inatas é inerente à natureza humana. Não podemos deixar de querer alcançar todo o nosso potencial. O sucesso é tornar-se aquilo que desejamos ser. Somente poderemos alcançar esse objetivo fazendo uso das coisas materiais, e só teremos acesso irrestrito a elas quando nos tornarmos suficientemente ricos para adquiri-las. Portanto, compreender a ciência de ficar rico é o conhecimento mais essencial de todos.

Não há nada de errado em ansiar pela riqueza. O desejo por prosperidade é, na verdade, o desejo por uma vida mais plena, completa e abundante; e esse desejo é louvável. A pessoa que não deseja viver com mais abundância é fora do normal, assim como aquela que não quer ter dinheiro suficiente para adquirir tudo o que deseja.

Há três motivos pelos quais vivemos: o corpo, a mente e a alma. Nenhum deles é superior ou mais sagrado do que o outro; todos são igualmente desejáveis, e nenhum dos três – corpo, mente ou alma – pode alcançar a plenitude se qualquer um dos outros for impedido de viver em sua forma completa. Não é correto ou nobre viver apenas para a alma, ignorando a mente ou o corpo; assim como é errado viver apenas para o intelecto, negando o corpo e a alma.

Conhecemos bem as consequências desagradáveis de viver apenas para o corpo, negligenciando a mente e a alma. A verdadeira vida significa a expressão completa de tudo o que o ser humano pode realizar por meio do corpo, da mente e da alma. Independentemente do que possamos dizer, nenhum de nós pode ser verdadeiramente feliz ou satisfeito a menos que nosso corpo esteja vivendo plenamente em todas as funções, assim como a mente e a alma. Sempre que uma possibilidade não é expressa ou uma função não é desempenhada, nascerá um desejo insatisfeito. O desejo é a possibilidade buscando expressão, ou a função buscando desempenho.

O ser humano não pode viver plenamente em seu corpo sem uma boa alimentação, roupas confortáveis, um abrigo acolhedor e um trabalho que não o prive de sua liberdade. O descanso e a recreação também são essenciais para a vida física.

Não se pode viver plenamente em sua mente sem livros, e sem tempo para estudá-los, sem oportunidades para viajar e observar, e sem uma companhia intelectual.

Para ter uma vida mental plena, é necessário desfrutar de recreações intelectuais e cercar-se de objetos de arte e beleza para serem apreciados.

Para viver plenamente na alma, o ser humano precisa de amor; e a falta de recursos financeiros nega a expressão dele.

A maior felicidade está em conceder benefícios àqueles que amamos; o amor encontra sua expressão mais natural e espontânea na doação. O homem que não tem nada para oferecer não pode cumprir seu papel como marido ou pai, como cidadão ou, simplesmente, como ser humano. É no uso de coisas materiais que encontramos vida plena para o corpo, desenvolvemos a mente e desdobramos a alma. Portanto, é de suprema importância nos tornarmos ricos.

É completamente válido desejar a riqueza; se somos homens e mulheres comuns, não podemos evitar esse desejo. É perfeitamente apropriado dedicar nossa atenção à ciência de ficar rico, pois este é o estudo mais nobre e necessário de todos. Se negligenciarmos isso, falharemos em nossas responsabilidades para conosco, para com Deus e para com a humanidade – pois não há serviço maior que podemos prestar a Deus e à humanidade do que tirar o máximo proveito de nosso potencial.

II.

EXISTE UMA CIÊNCIA PARA FICAR RICO

Existe uma ciência para ficar rico; tão exata quanto a álgebra ou a aritmética. Há leis específicas que regem o processo de acumulação de riquezas; e uma vez que essas leis sejam aprendidas e aplicadas, o sucesso financeiro torna-se uma certeza matemática para qualquer pessoa.

A posse de dinheiro e propriedades é resultado de fazer as coisas de uma maneira específica. Aqueles que seguem esse caminho, seja intencionalmente ou por acaso, ficam ricos; enquanto aqueles que não fazem as coisas dessa maneira, não importa o quanto trabalhem ou sejam capazes, permanecem na pobreza.

A lei da natureza é clara: causas semelhantes sempre produzem efeitos semelhantes. Portanto, qualquer pessoa que aprender a fazer as coisas da maneira certa, infalivelmente alcançará a riqueza.

Alguns fatos apresentados a seguir demonstram que a afirmação anterior é verdadeira.

Ficar rico não é uma questão de ambiente; pois, se fosse, todas as pessoas em determinados locais seriam ricas; toda a população de uma cidade seria próspera, enquanto outras cidades seriam empobrecidas; ou todos os habitantes de um estado seriam ricos, enquanto os de um estado vizinho seriam pobres.

No entanto, vemos ricos e pobres vivendo lado a lado, nos mesmos locais, e muitas vezes envolvidos nas mesmas ocupações. Quando dois indivíduos compartilham a mesma localidade e a mesma ocupação, e um alcança a riqueza enquanto o outro fracassa, isso mostra que a riqueza não é, primordialmente, uma questão de ambiente. Embora alguns ambientes sejam mais favoráveis do que outros, ficar rico é a consequência de fazer as coisas do *Jeito Certo*.

Além disso, a capacidade de fazer as coisas desse Jeito Certo não se limita ao fato de possuir talento; pois muitas pessoas talentosas permanecem pobres, enquanto outras têm habilidades limitadas e se tornam ricas.

Se analisarmos a trajetória de algumas pessoas que enriqueceram, descobriremos que elas são comuns em todos os aspectos, e que não possuem mais talentos nem habilidades do que outras. É evidente que elas não enriqueceram devido aos seus talentos ou por possuírem habilidades únicas, mas porque fazem as coisas de uma determinada maneira.

Ficar rico não resulta de fazer poupança ou viver com "parcimônia"; muitas pessoas avarentas são pobres, enquanto há pessoas que gastam livremente e ficam ricas.

Da mesma forma, ficar rico não é resultado de realizar tarefas que os outros deixam de fazer; pois, muitas vezes, duas pessoas com ocupações semelhantes desempenham funções idênticas, mas um se torna rico, enquanto o outro permanece pobre ou vai à falência.

Levando tudo isso em consideração, a conclusão é clara: ficar rico é o resultado de fazer as coisas do Jeito Certo.

Se ficar rico é o resultado de fazer as coisas desse Jeito Certo, e causas semelhantes sempre produzem efeitos semelhantes, qualquer pessoa que trilhar esse caminho poderá alcançar a riqueza – transformando todo o assunto em uma ciência exata.

A dúvida que pode surgir é se esse caminho certo não seria muito difícil, a ponto de apenas poucas pessoas conseguirem segui-lo. No entanto, como já vimos em relação à habilidade natural, isso não é verdade. Tanto os indivíduos talentosos quanto os sem talento ficam ricos; tanto os intelectuais quanto os tolos; tanto os saudáveis quanto os fracos e doentes – todos podem trilhar o caminho da riqueza.

Naturalmente, a capacidade de pensar e compreender é essencial; no entanto, no que diz respeito à habilidade natural, qualquer homem ou mulher que tenha bom senso suficiente para ler e compreender estas palavras poderá, sem dúvida, ficar rico.

Além disso, vimos que não se trata de uma questão de ambiente. A localização é relevante até certo ponto; ninguém iria para o coração do Saara e esperaria fazer negócios bem-sucedidos por lá.

Ficar rico envolve a necessidade de lidar com outros seres humanos e de estar em locais onde há pessoas para negociar; e se elas estiverem inclinadas a interagir da maneira que você deseja, melhor ainda. Mas isso é praticamente a única coisa em que o ambiente influencia.

Se alguém em sua cidade pode ficar rico, você também pode; e se qualquer outra pessoa em seu estado pode ficar rica, você também pode.

Mais uma vez, não se trata de escolher um ramo de atividade ou uma profissão específica. Pessoas prosperam em todas as áreas e em todas as profissões, enquanto colegas na mesma área permanecem na pobreza.

É verdade que você se sairá melhor em uma atividade da qual goste e que seja agradável para você. Se tiver determinadas habilidades bem desenvolvidas, você se sairá melhor em uma profissão em que possa exercer esses talentos.

Além disso, você terá mais sucesso em um negócio que seja adequado à sua localidade; uma sorveteria vai gerar mais lucro se localizada em um clima quente do que na Groenlândia, e uma pescaria de salmão terá mais sucesso no Noroeste [dos Estados Unidos] do que na Flórida, onde não há salmão.

Contudo, além dessas limitações gerais, ficar rico não depende do tipo de atividade, mas sim de aprender a fazer as coisas do Jeito Certo. Se você está na mesma localidade e no mesmo ramo que outra pessoa, e ela enriquece enquanto você *não*, é porque não está agindo da mesma maneira que ela.

Ninguém é impedido de ficar rico por falta de capital. É verdade que, à medida que se obtém capital, o aumento se torna mais fácil e rápido; mas quem tem capital já é rico, e não precisa pensar em como se tornar rico. Não importa o quão pobre você seja: se começar a fazer as coisas do Jeito Certo, começará a acumular riqueza e a obter capital. Adquirir capital faz parte do processo de enriquecimento e é parte inevitável do resultado de fazer as coisas do Jeito Certo.

Você pode ser a pessoa mais pobre do mundo e estar profundamente endividado; pode estar sem amigos, sem influência nem recursos; mas, se começar a fazer as coisas dessa maneira, infalivelmente começará a ficar rico – pois causas semelhantes devem produzir efeitos semelhantes. Se você não tiver capital, poderá consegui-lo; se estiver no ramo de atividade errado, poderá mudar para o certo; se estiver no lugar errado, pode ir para o local certo. Tudo isso ocorre quando você começa, *em sua atividade atual e em seu ambiente atual*, a fazer as coisas do Jeito Certo, que o conduzirá ao sucesso.

III.

A OPORTUNIDADE É UM PRIVILÉGIO PARA POUCOS?

Ninguém permanece na pobreza porque a oportunidade lhe foi tirada ou porque outras pessoas monopolizaram a riqueza e a trancaram em um cofre. Talvez você esteja impedido de se envolver em certos ramos de atividade, mas há outros caminhos abertos. Talvez seja difícil para você controlar grandes sistemas ferroviários, pois esse campo está praticamente monopolizado. No entanto, o setor de ferrovias elétricas ainda está engatinhando e oferece amplo espaço para empreendimentos.[1] Daqui a alguns anos, o transporte aéreo se tornará uma grande indústria, gerando empregos para milhares, talvez milhões de pessoas. Que tal focar sua atenção no desenvolvimento do transporte aéreo, em vez de competir com J. J. Hill e outros por um lugar ao sol no mundo das ferrovias a vapor?

É bem verdade que, se você for um trabalhador da indústria siderúrgica, terá pouquíssimas chances de se tornar o proprietário da fábrica em que trabalha; mas também é verdade que, se começar a agir do Jeito Certo, em breve poderá deixar esse emprego, comprar uma fazenda de dez a quarenta acres[2] e fazer negócios como produtor de alimentos. Há uma grande oportunidade neste momento para aqueles que optarem por viver em pequenas extensões de terra e cultivá-las intensivamente; essas pessoas certamente ficarão ricas. Você

---

1   Levando em consideração que o livro foi escrito em 1910.
2   Aproximadamente 4,05 a 16,19 hectares.

pode dizer que é impossível conseguir a terra, mas vou provar que não é, e que você certamente pode conseguir uma fazenda se começar a trabalhar do Jeito Certo.

Nos diferentes momentos da história, a maré de oportunidades flui em direções variadas, em resposta às necessidades do Todo e ao estágio de desenvolvimento da sociedade. Atualmente, nos Estados Unidos, vemos um aumento nas oportunidades relacionadas à agricultura, às indústrias e às profissões correlatas. Hoje em dia, o fazendeiro tem acesso a mais oportunidades do que o trabalhador de fábrica. Da mesma forma, o empresário que fornece produtos ou serviços para fazendeiros tem mais chances de sucesso do que aquele que atende aos trabalhadores da indústria. Além disso, os profissionais que prestam serviços para a comunidade agrícola encontram um cenário mais favorável do que aqueles que atendem à classe trabalhadora industrial.

Existe uma abundância de oportunidades para quem seguir a maré, em vez de tentar nadar contra ela.

Portanto, os trabalhadores de fábrica, seja como indivíduos ou como classe, não estão sendo privados de oportunidades. Os trabalhadores não estão sendo "pisados" por seus patrões nem estão sendo "oprimidos" pelo capital e pelas grandes corporações. Como classe, eles estão onde estão porque não fazem as coisas do Jeito Certo. Os trabalhadores da América poderiam seguir o exemplo de seus irmãos da Bélgica e de outros países, estabelecendo grandes lojas de departamentos e indústrias cooperativas. Poderiam eleger representantes de sua própria classe para cargos públicos, para aprovar leis que favorecessem o desenvolvimento de tais cooperativas. E, em poucos anos, poderiam assumir pacificamente o controle do campo industrial.

A classe trabalhadora pode se tornar a classe dominante quando começar a fazer as coisas do Jeito Certo; a lei da riqueza é a mesma para eles, como é para todos os outros. Isso é o que eles precisam aprender; ou vão permanecer onde estão, enquanto continuarem a fazer o que fazem. O trabalhador individual, no entanto, não é limitado pela ignorância ou pela apatia mental de sua classe; ele pode seguir a maré de oportunidades até a riqueza, e este livro lhe dirá como.

Ninguém permanece na pobreza por falta de riquezas; há mais do que o suficiente para todos. Um palácio tão grande quanto o Capitólio, em Washington, poderia ser construído para cada família da Terra somente com o material de construção dos Estados Unidos; e, sob cultivo intensivo, esse país produziria lã, algodão, linho e seda suficientes para vestir cada pessoa no mundo com mais elegância do que Salomão se vestiu em toda a sua glória; juntamente com alimentos suficientes para alimentá-los luxuosamente. O suprimento visível é praticamente inesgotável; e o suprimento invisível *é* verdadeiramente inesgotável.

Tudo o que você vê na Terra é feito de uma substância original, da qual todas as coisas se originam.

Novas formas estão constantemente sendo criadas, e as mais antigas estão se dissolvendo; mas todas são formas assumidas por Uma Coisa.

Não há limite para o suprimento de Matéria Sem Forma, ou Substância Original. O universo é feito dela, mas ela não foi usada em sua totalidade na criação do universo. Os espaços dentro, através e entre as formas do universo visível são permeados e preenchidos com essa Substância Original – a Matéria Sem Forma, a matéria-prima de todas as coisas. Dez mil vezes mais do que foi feito ainda pode ser feito, e mesmo assim não esgotaríamos o suprimento dessa matéria-prima universal.

Portanto, ninguém é pobre porque a natureza é pobre ou porque não há o suficiente para todos.

A natureza é uma fonte inesgotável de riquezas; seu suprimento nunca se esgota. A Substância Original está repleta de energia criativa e constantemente gera novas formas. Quando os recursos naturais se esgotam, mais são criados; quando o solo fica improdutivo, incapaz de sustentar o crescimento de alimentos e matérias-primas para vestuário, ele é renovado e mais solo é gerado. Mesmo que todo o ouro e toda a prata sejam extraídos da Terra, se houver necessidade desses metais em uma sociedade em desenvolvimento, então mais será produzido a partir da Matéria Sem Forma. A Matéria Sem Forma responde às necessidades humanas; ela não permitirá que fiquemos sem coisa alguma.

Essa verdade se aplica a toda a humanidade; a raça como um todo é sempre abundantemente rica; e se os indivíduos são pobres, é porque não seguem o Jeito Certo de fazer as coisas que os tornam individualmente ricos.

A Matéria Sem Forma é inteligente; é uma substância material que pensa. Está viva e sempre é impelida a mais vida.

O impulso natural e inerente da vida é buscar viver mais; a natureza da inteligência é ampliar a si mesma, e a da consciência é estender seus limites e encontrar uma expressão mais plena. O universo das formas foi criado pela Substância Viva Sem Forma, que se lança na forma para se expressar mais plenamente.

O universo é uma grande Presença Viva, sempre se movendo inerentemente em direção a mais vida e a um funcionamento mais completo.

A natureza foi formada para o avanço da vida; seu motivo impulsionador é o aumento da vida. Por esta razão, tudo o que pode servir à vida é abundantemente provido. Não pode haver falta, a menos que Deus se contradiga e anule suas próprias obras.

Você não continua pobre por falta de suprimento de riquezas; é um fato que demonstrarei um pouco mais adiante: que até mesmo os recursos do Suprimento Sem Forma estão sob o comando do homem ou da mulher que aprende a agir e pensar do Jeito Certo.

IV.

O PRIMEIRO PRINCÍPIO DA CIÊNCIA DE FICAR RICO: O PODER DO PENSAMENTO

O pensamento é a única força capaz de transformar a Matéria Sem Forma em riqueza tangível. Toda a matéria, de onde provêm todas as coisas, é, em sua essência, uma substância que pensa; e o pensamento moldado por essa substância dá forma à realidade.

A Substância Original se move conforme pensa; tudo o que vemos na natureza é a manifestação física de um pensamento na Substância Primordial. Quando a Matéria Sem Forma concebe uma forma, ela a adquire; quando concebe um movimento, ele se realiza. Assim, foram criadas todas as coisas. Vivemos em um universo de pensamentos, que faz parte de um todo em que os pensamentos são a essência.

O pensamento de um universo em movimento permeia toda a Matéria Sem Forma; e essa Substância Pensante, movendo-se conforme os pensamentos, assume e mantém a forma de sistemas solares e planetas. A Substância Pensante assume a forma de seu pensamento e se move de acordo com ele. Mantendo a ideia de um sistema circular de sóis e mundos, ela assume a forma desses corpos e os move de acordo com seu pensamento. Da mesma forma, ao conceber a imagem de um carvalho em crescimento, ela se move de acordo com esse pensamento e produz a árvore, ainda que leve tempo para realizar esse trabalho. Ao criar, a Matéria Sem Forma se move de acordo com os caminhos que estabeleceu; o pensamento de um carvalho não faz a árvore crescida surgir instantaneamente, mas coloca em movimento as forças que a produzirão ao longo dos caminhos já traçados.

Todo pensamento moldado na Substância Pensante dá origem a uma forma, mas sempre, ou pelo menos geralmente, ao longo de linhas de crescimento e ação já estabelecidas.

A simples visualização de uma casa de determinado estilo, se fosse impressa na Substância Sem Forma, poderia não resultar na construção instantânea da residência. No entanto, esse pensamento é capaz de direcionar as energias criativas, já em atividade no comércio e na indústria, para canais que acelerem a construção da casa desejada. Se não houvesse canais preexistentes para que energia criativa pudesse trabalhar, a casa seria formada diretamente a partir da Substância Primordial, sem depender dos processos lentos do mundo físico.

> Nenhum pensamento moldado
> na Substância Original deixará de
> produzir uma forma.

O ser humano é um centro de pensamento e pode dar origem a ideias. Todas as formas que ele cria com suas mãos devem primeiro existir em sua mente; ele não pode moldar algo sem tê-lo primeiro pensado.

Até este momento, o ser humano tem direcionado seus esforços exclusivamente ao trabalho manual;

tem dedicado sua energia física ao mundo tangível, buscando modificar ou adaptar as formas já existentes. No entanto, nunca considerou a possibilidade de provocar a criação de novas formas ao imprimir seus pensamentos na Substância Sem Forma.

Quando o ser humano concebe uma forma-pensamento, ele extrai material das formas naturais e cria uma imagem daquilo que idealizou. Até então, temos dedicado pouco ou nenhum esforço em cooperar com a Inteligência Sem Forma, em trabalhar com o Pai. Ainda não percebemos que podemos criar as coisas seguindo o exemplo do Pai. Em vez disso, temos nos limitado a remodelar e modificar as formas existentes por meio do trabalho manual, sem considerar a possibilidade de criar a partir da Substância Sem Forma, comunicando a ela nossos pensamentos. Portanto, nos propomos a provar que isso é possível; que qualquer homem ou mulher pode fazer isso, e vamos mostrar como. O primeiro passo é estabelecer três proposições fundamentais.

Primeiramente, afirmamos que existe uma matéria original e sem forma, da qual todas as coisas são feitas. Todos os elementos, aparentemente tão numerosos, são apenas diferentes manifestações de um único elemento; todas as muitas formas encontradas na natureza orgânica e inorgânica são apenas diferentes configurações da mesma matéria. E essa substância é matéria pensante; um pensamento mantido nela produz a forma do pensamento. O pensamento, na substância pensante, produz formas. O ser humano é um centro pensante, capaz de pensamento original; e, se ele puder comunicar seu pensamento à substância pensante original, poderá provocar a criação ou formação da coisa em que ele pensa. Resumindo:

> Existe uma substância pensante da qual todas as coisas são feitas e que, em seu estado original, permeia, penetra e preenche os espaços do universo.
> Um pensamento, dentro desta substância, resulta na manifestação daquilo que é visualizado pelo pensamento.
> Você pode formar coisas em seu pensamento e, ao imprimi-lo na substância sem forma, pode fazer com que esse pensamento se torne realidade.

Podem me perguntar se posso provar essas afirmações e, sem entrar em detalhes, respondo que posso fazê-lo tanto pela lógica quanto pela experiência.

Raciocinando a partir dos fenômenos da forma e do pensamento, chego a uma única substância pensante original; e, a partir dessa substância pensante, chego ao poder do ser humano de causar a formação da coisa em que ele pensa.

Por meio da experiência, encontro o raciocínio verdadeiro; e essa é a minha maior prova.

Se qualquer pessoa que ler este livro ficar rica seguindo suas instruções, é uma confirmação do meu argumento; mas, se todos que seguirem essas instruções ficarem ricos, é uma prova definitiva, até que alguém passe pelo processo e fracasse. A teoria permanece válida até que seja provado o contrário; e este método não falhará, pois qualquer pessoa que seguir exatamente o que este livro propõe ficará rica.

Eu mencionei que as pessoas ficam ricas ao agir do jeito certo; e, para isso, é preciso aprender a pensar do jeito certo.

A forma como uma pessoa age é diretamente influenciada pela forma como ela pensa sobre as coisas.

Para fazer as coisas da maneira que você deseja, é necessário adquirir a capacidade de pensar da maneira que você deseja; este é o primeiro passo para a riqueza.

Pensar o que você quer pensar é pensar a VERDADE, independentemente das aparências.

Todo ser humano tem o poder natural e inato de pensar o que deseja, mas isso requer muito mais esforço do que simplesmente aceitar os pensamentos sugeridos pelas aparências. Pensar de acordo com as aparências é fácil; pensar a verdade, apesar das aparências, é difícil e exige mais energia do que qualquer outro trabalho que o ser humano possa realizar.

Nenhum trabalho assusta mais as pessoas do que o trabalho do pensamento sustentado e contínuo; este é considerado o trabalho mais difícil do mundo. Isso é especialmente verdadeiro quando a verdade contradiz as aparências. Cada observação no mundo físico tende a gerar uma forma correspondente na mente que a percebe; e isso só pode ser evitado mantendo o pensamento na VERDADE.

Se você olhar para as aparências da doença, criará a imagem da doença em sua mente, e eventualmente em seu corpo, a menos que você se mantenha firme no pensamento da verdade, que é o de que não existe doença; é apenas uma ilusão, e a realidade é a saúde.

Da mesma forma, se você focar as aparências da pobreza, isso gerará formas correspondentes em sua mente; a menos que você se agarre à verdade de que não há pobreza; há apenas abundância.

Pensar em saúde quando estamos cercados pelas aparências da doença, ou pensar em riqueza quando se está em meio às aparências da pobreza, requer poder; mas aquele que adquire esse poder se torna uma MENTE MESTRA. Essa pessoa pode vencer o destino, pode alcançar tudo o que deseja.

Esse poder só pode ser adquirido quando nos apoderamos do fato básico que está por trás de todas as aparências; e esse fato é que existe uma Substância Pensante, da qual e pela qual todas as coisas são feitas.

Então, devemos compreender que cada pensamento contido nesta substância se torna uma forma, e que o ser humano pode imprimir seus pensamentos nela de tal modo que eles se materializem e se tornem coisas visíveis.

Quando percebemos isso, todas as nossas dúvidas e medos desaparecem, pois sabemos que podemos criar tudo o que desejamos, podemos alcançar tudo o que quisermos ter e podemos nos tornar tudo o que desejamos ser. Como primeiro passo para ficar rico, você deve acreditar nas três declarações fundamentais apresentadas anteriormente neste capítulo; e, para enfatizá-las, vou repeti-las aqui:

> Existe uma substância pensante da qual todas as coisas são feitas e que, em seu estado original, permeia, penetra e preenche os espaços do universo.
> Um pensamento, dentro desta substância, resulta na manifestação

daquilo que é visualizado pelo pensamento.

Você pode formar coisas em seu pensamento e, ao imprimi-lo na substância sem forma, pode fazer com que esse pensamento se torne realidade.

Você deve abandonar todos os outros conceitos do universo além deste monismo; e deve refletir sobre isso até que esteja firmemente enraizado em sua mente e se torne seu pensamento habitual. Leia essas declarações repetidamente, como um credo; grave cada palavra em sua memória e reflita sobre elas até acreditar firmemente no que dizem. Se a dúvida surgir, afaste-a como se fosse um pecado. Não dê ouvidos a argumentos contra essa ideia; não frequente igrejas ou palestras em que um conceito contrário seja ensinado ou pregado. Não leia revistas ou livros que promovam uma ideia diferente; se você permitir que sua fé se confunda, todos os seus esforços serão em vão.

Não questione por que essas coisas são verdadeiras nem especule sobre como podem ser verdadeiras; simplesmente aceite-as como verdades.

A ciência de ficar rico começa com a aceitação absoluta dessa fé.

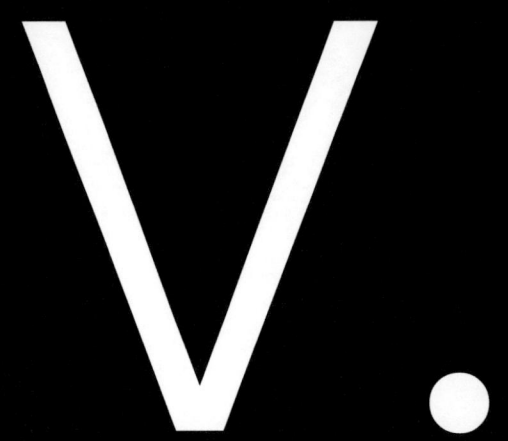

V.

EXPANDINDO-SE ATÉ A MELHOR VERSÃO DE SI MESMO

Você deve se livrar dos últimos vestígios daquela antiga ideia de que existe um Deus cuja vontade é que você seja pobre ou cujos propósitos podem ser servidos permanecendo na pobreza.

A Substância Inteligente, que é Tudo e está em tudo, e que vive em Todos e vive em você, é uma Substância Conscientemente Viva. Por tal característica, ela deve ter o desejo natural e inerente de toda inteligência viva de expandir sua vida. Todo ser vivo deve buscar continuamente a expansão de sua vida; porque a vida, no mero ato de viver, deve multiplicar a si mesma.

Uma semente entra em atividade logo que é lançada na terra e, no ato de viver, produz mais cem sementes; a vida, vivendo, se multiplica. Ela está sempre se Tornando Mais; ela precisa fazer isso, continuar a existir.

A inteligência está sob essa mesma necessidade de expansão contínua. Cada pensamento que temos traz a necessidade de outro pensamento; a consciência está continuamente se expandindo. Cada fato que aprendemos nos leva a aprender outro fato; nosso conhecimento aumenta continuamente. Cada talento que cultivamos traz à mente o desejo de cultivar outro talento; estamos sujeitos ao impulso da vida, buscando expressão, que sempre nos impulsiona a saber mais, a fazer mais e a ser mais.

Para saber mais, fazer mais e ser mais, é preciso ter mais; devemos ter coisas para usar, pois apenas aprendemos, fazemos e nos tornamos mais usando coisas. Precisamos enriquecer, para que possamos viver mais.

O desejo por riquezas é simplesmente a capacidade de uma vida maior buscando realização; todo desejo é o esforço de uma possibilidade não expressa para entrar em ação. É o poder buscando se manifestar que causa o desejo. O que faz você querer mais dinheiro é o mesmo que faz a planta crescer: é a Vida buscando uma expressão mais plena.

A Substância Única Viva deve estar sujeita a essa lei, que é inerente a toda vida; ela é permeada pelo desejo de viver mais; é por isso que ela tem a necessidade de criar coisas.

A Substância Única deseja viver mais em você; portanto, ela quer que você possua todas as coisas que puder usar.

O desejo de Deus é que você fique rico. Ele deseja sua prosperidade, porque Sua expressão será mais plena quando você tiver abundância de recursos para utilização. Ele pode viver mais em você, se você tiver domínio ilimitado dos meios de vida.

O universo deseja que você tenha
tudo o que deseja ter.
A natureza é favorável aos seus
planos.
Tudo está naturalmente a seu favor.
Aceite que isso é verdadeiro.

É essencial, no entanto, que seu
propósito esteja em harmonia com o
propósito que está em Tudo.

Você deve desejar a vida real, não o mero prazer ou a gratificação sensual. A vida é o desempenho de uma função; e o indivíduo só vive de fato quando desempenha todas as funções físicas, mentais e espirituais de que é capaz, sem excesso em nenhuma delas.

Você não deseja a riqueza para viver de maneira egoísta ou apenas para satisfazer seus desejos mais loucos; isso não é vida. Mas o desempenho de cada função física faz parte da vida, e ninguém vive completamente se negar os impulsos do corpo como uma expressão normal e saudável.

Você não deseja a riqueza apenas para desfrutar de prazeres mentais, para obter conhecimento, para satisfazer a ambição, para se destacar dos outros, para ser famoso. Tudo isso é uma parte legítima da vida; mas aquele que vive apenas para os prazeres do intelecto terá apenas uma vida parcial e nunca estará satisfeito com seu destino.

Você não deseja a riqueza apenas pelo bem dos outros, para se sacrificar pela salvação da humanidade, para experimentar as alegrias da filantropia e do sacrifício. As alegrias da alma são apenas uma parte da vida; e não são melhores ou mais nobres do que qualquer outra.

Você quer ficar rico para poder comer, beber e se divertir quando chegar a hora de fazer essas coisas; para poder se cercar de coisas bonitas, ver terras distantes, alimentar sua mente e desenvolver seu intelecto; para poder amar as pessoas e fazer coisas boas, e ser capaz de desempenhar um bom papel ajudando o mundo a encontrar a verdade.

Mas lembre-se de que o altruísmo extremo não é melhor nem mais nobre do que o egoísmo extremo; ambos são erros.

Livre-se da ideia de que Deus quer que você se sacrifique pelos outros e que você possa garantir o favor Dele fazendo isso; Deus não exige nada disso.

O que Ele quer é que você se desenvolva até a sua melhor versão – para você mesmo e para os outros; *e a melhor forma de ajudar os outros é se expandir até a versão máxima de si mesmo.*

Você somente poderá se expandir à melhor versão de si mesmo(a) ficando rico(a). Portanto, é correto e louvável que você dedique seu primeiro e melhor pensamento ao trabalho de adquirir riqueza.

Lembre-se, no entanto, de que o desejo da Substância é para todos, e seus movimentos devem ser para dar mais vida para todos; não se pode fazer com que ela trabalhe para dar menos vida a ninguém, porque ela está igualmente em todos, buscando riquezas e vida.

A Substância Inteligente fará coisas para você, mas não tirará coisas de outra pessoa para dar a você.

> Você deve se livrar do pensamento competitivo. Você deve criar, não competir pelo que já foi criado.
> Você não precisa tirar nada de ninguém.
> Você não precisa fazer acordos ou barganhas.
> Você não precisa trapacear ou se aproveitar de ninguém. Você não deve permitir que ninguém trabalhe por você, por menos do que você ganha.
> Você não precisa cobiçar a propriedade dos outros nem a invejar; não há nada que alguém possua que você também não possa ter, e isso sem precisar privar essa pessoa do que ela tem.

Você deve se tornar um criador, não um competidor. Você conseguirá o que deseja, mas de tal forma que, quando conseguir, todos também terão mais do que têm agora.

Estou ciente de que muitos ganham uma quantidade absurda de dinheiro indo diretamente contra as afirmações do parágrafo anterior; e aqui posso oferecer uma explicação. Pessoas do tipo plutocrático, que se tornam muito ricas, às vezes o conseguem pura e simplesmente por sua extraordinária habilidade no plano da competição; e às vezes se relacionam inconscientemente com a Substância em seus grandes propósitos e movimentos para a construção geral da humanidade por meio da evolução industrial. Rockefeller, Carnegie, Morgan e muitos outros têm sido agentes inconscientes do Supremo no trabalho necessário de sistematizar e organizar a indústria produtiva; e, no final, seu trabalho contribuirá imensamente para expandir a vida de todos. O tempo deles está quase no fim; eles organizaram a produção e *em breve serão sucedidos por novos líderes, que surgirão da multidão para reorganizar a distribuição das riquezas.*

Os multimilionários são como os monstruosos répteis das eras pré-históricas; eles desempenham um papel necessário no processo evolutivo, mas o mesmo Poder que os produziu os eliminará. E é bom lembrar que eles nunca foram realmente ricos; um registro das vidas privadas da maioria dos membros desta classe mostrará que eles realmente nunca passaram de pessoas pobres, abjetas e miseráveis.

As riquezas obtidas no plano competitivo nunca são satisfatórias e permanentes; elas podem ser suas hoje, e de outra pessoa amanhã. Lembre-se: se você deseja enriquecer de maneira científica e segura, deve se livrar completamente do pensamento competitivo. Você nunca deve pensar, nem por um momento, que o suprimento de riquezas é limitado. Quando você começa a pensar que todo o dinheiro está sendo monopolizado e controlado por banqueiros e por outros e que precisa se esforçar para fazer leis que interrompam esse processo, e assim por diante, neste momento, você entra no modo competitivo de pensar e perde temporariamente seu poder de provocar a criação; e, o que é pior, você provavelmente interromperá os movimentos criativos que já tiver iniciado.

SAIBA que há incontáveis milhões de dólares em ouro escondidos nas montanhas da Terra, ainda não trazidos à luz; e que, se não houvessem, mais seria criado a partir da Substância Pensante para suprir suas necessidades.

SAIBA que o dinheiro de que precisa virá até você, mesmo que seja necessário que mil homens sejam levados à descoberta de novas minas de ouro.

Nunca olhe para o suprimento visível; olhe sempre para as riquezas ilimitadas da Substância Sem Forma, e SAIBA que elas virão até você tão rápido quanto puder as receber e usar. Ninguém, ao monopolizar o suprimento visível, poderá impedir você de obter o que é seu.

Portanto, nunca se permita pensar, nem por um instante, que todos os melhores locais serão ocupados antes que você esteja pronto para construir sua casa, a menos que você se apresse. Nunca se preocupe com os grandes monopólios e corporações nem fique ansioso com medo de que eles se tornem donos de toda a Terra. Nunca tenha medo de perder aquilo que deseja porque outra pessoa "chegou antes de você". Isso não pode acontecer. Você não está buscando nada que pertença a outra pessoa; você está provocando a criação daquilo que deseja, a partir da Substância Sem Forma, e o suprimento é ilimitado. Mantenha-se sempre atento ao nosso credo:

> Existe uma substância pensante da qual todas as coisas são feitas e que, em seu estado original, permeia, penetra e preenche os espaços do universo.
> Um pensamento, dentro desta substância, resulta na manifestação daquilo que é visualizado pelo pensamento.
> Você pode formar coisas em seu pensamento e, ao imprimi-lo na substância sem forma, pode fazer com que esse pensamento se torne realidade.

VI.

COMO AS RIQUEZAS VÊM ATÉ VOCÊ

Quando digo que você não precisa fazer barganhas, não quero dizer que não precisa fazer nenhum acordo ou que está acima da necessidade de negociar com seus semelhantes. Quero dizer que você não precisará lidar com eles de forma injusta, não precisará conseguir nada de graça, *mas poderá dar a cada pessoa mais do que recebe dela.*

Mesmo que você não possa dar a alguém mais dinheiro do que recebe em troca, você pode fornecer algo que tenha um valor maior do que o dinheiro que você recebe. O papel, a tinta e outros materiais deste livro podem não valer o dinheiro que você pagou por eles; mas se as ideias sugeridas aqui renderem milhares de dólares, você não foi enganado por aqueles que o venderam; eles lhe deram um grande valor de uso por um pequeno valor em dinheiro.

Vamos supor que eu tenha um quadro de um grande artista, que, em qualquer comunidade civilizada, vale milhares de dólares. Eu o levo até a Baía de Baffin e, por meio de "técnicas de vendas", convenço um esquimó a me dar em troca um pacote de peles no valor de quinhentos dólares. Eu realmente o enganei, porque o quadro não terá utilidade prática para ele e não acrescentará nada à sua vida.

Entretanto, suponhamos que eu dê a ele uma arma no valor de cinquenta dólares pelas suas peles; então ele fez um bom negócio, pois poderá fazer um bom uso da arma, que lhe trará muito mais peles e muita comida; ela acrescentará algo à sua vida, em todos os sentidos; ela o tornará rico.

Quando você passa do plano competitivo para o plano criativo, pode analisar rigorosamente suas transações comerciais e, se estiver vendendo algo a alguém que não acrescente mais à vida dele(a) do que o que ele(a) lhe dá em troca, você pode se dar ao luxo de parar. Você não precisa prejudicar ninguém em suas transações. E se você estiver participando de uma atividade que prejudique outras pessoas, saia imediatamente.

Dê a cada pessoa mais em valor de uso do que você recebe em dinheiro; desta forma, você expandirá a vida em cada transação comercial.

Se você for um empregador, precisa obter mais valor monetário do trabalho de seus funcionários do que o valor que paga a eles em salários. Mas você pode organizar sua empresa de tal forma que não apenas obtenha lucro, *mas promova o progresso,* para que cada funcionário deseje crescer mais a cada dia.

Você pode fazer com que sua empresa faça por seus funcionários o que este livro está fazendo por você. Pode conduzi-la de tal forma que ela se torne uma espécie de escada, pela qual todo funcionário que se esforçar poderá subir até se tornar rico; e, sendo dada essa oportunidade, se ele não o fizer, a culpa não será sua.

E finalmente: você vai causar a criação das suas riquezas a partir da Substância Sem Forma que permeia todo o seu ambiente, mas isso não significa que elas simplesmente tomarão forma a partir da atmosfera e surgirão diante de seus olhos.

Se você quer uma máquina de costura, por exemplo, não quero dizer que você deve imprimir o pensamento de uma máquina de costura na Substância Pensante até que a máquina seja criada do nada, na sala onde você está, por exemplo. Mas se você quiser uma máquina de costura, mantenha a imagem mental dela com a certeza mais positiva de que ela está sendo feita ou de que está vindo até você. Depois de formar o pensamento, tenha a fé mais absoluta e inquestionável de que a máquina de costura está a caminho; nunca pense nela ou fale dela de outra forma, a não ser com a certeza de que ela chegará. Reivindique-a como se já fosse sua.

Ela será trazida para você pelo poder da Inteligência Suprema, agindo sobre as mentes das pessoas. Se você mora no Maine, talvez alguém venha do Texas ou do Japão para se envolver em alguma transação que resultará na obtenção do que deseja.

Se assim for, o negócio será tão vantajoso para essa pessoa quanto para você.

Não se esqueça, nem por um momento, de que a Substância Pensante está em tudo, em todos, comunicando-se com todos e pode influenciar a todos. O desejo da Substância Pensante por uma vida mais plena e melhor causou a criação de todas as máquinas de costura já fabricadas e pode causar a criação de milhões de outras; e o fará, sempre que houver pessoas para colocá-las em movimento por meio do desejo e da fé, e agindo do Jeito Certo.

Você certamente pode ter uma máquina de costura em sua casa; e é igualmente certo que pode ter qualquer outra coisa que desejar, e que usará para o progresso de sua própria vida e das vidas de outras pessoas.

Você não precisa hesitar em pedir muito; *"é do agrado de vosso Pai dar-vos o reino"*[3], disse Jesus.

A Substância Original quer viver tudo o que é possível em você e quer que você tenha tudo o que necessita ou deseja para viver uma vida mais abundante.

Quando você fixar em sua consciência que o desejo de possuir riquezas é um só com o desejo da Onipotência de uma expressão mais completa, sua fé se tornará invencível.

Certa vez, vi um garotinho sentado ao piano, tentando em vão extrair harmonia das teclas, e percebi que ele estava triste e irritado com sua incapacidade de tocar música de verdade. Perguntei-lhe a causa de sua irritação, e ele respondeu: "Posso sentir a música em mim, mas não consigo fazer minhas mãos tocarem direito". A música nele era o IMPULSO da Substância Original, contendo todas as possibilidades de toda a vida; toda a música que existe buscava expressão por meio daquela criança.

Deus, a Substância Única, está tentando viver, fazer e desfrutar coisas por meio da humanidade. Ele está nos dizendo: "Quero mãos para construir estruturas maravilhosas, tocar harmonias divinas, pintar quadros gloriosos; quero pés para cumprir minhas tarefas, olhos para ver minhas belezas, línguas para contar verdades poderosas e cantar maravilhosas canções", e assim por diante.

Todas as possibilidades buscam expressão por meio da humanidade. Deus quer que aqueles que sabem tocar

---

3 *Lucas* 12:32.

música tenham pianos e todos os outros instrumentos e que tenham os meios para cultivar seus talentos ao máximo. Ele quer que aqueles que sabem apreciar a beleza possam se cercar de coisas bonitas. Ele quer que aqueles que podem discernir a verdade tenham todas as oportunidades para viajar e observar. Ele quer que aqueles que sabem apreciar a moda estejam lindamente vestidos, e que aqueles que sabem apreciar a boa comida sejam luxuosamente alimentados.

Ele quer todas essas coisas, porque é Ele mesmo que as desfruta e aprecia; é Deus quem quer tocar, cantar, desfrutar da beleza, proclamar a verdade, usar lindas roupas e comer boa comida.

"É Deus quem opera em vós tanto o querer quanto o realizar",[4] disse Paulo.

O desejo que você sente por riquezas é o Infinito procurando se expressar em você, assim como Ele procurou se expressar naquele menino ao piano.

Portanto, não hesite em pedir coisas em abundância.

Cabe a você focalizar e expressar os desejos de Deus.

Esse é um ponto difícil de entender, para a maioria das pessoas, pois ainda retemos algo da antiga ideia de que a pobreza e o sacrifício agradam a Deus. Muitos ainda consideram a pobreza como parte do plano, como uma necessidade da natureza. Ainda persiste a ideia de que Deus terminou Sua obra e fez tudo o que poderia ter feito, e que a maioria das pessoas deve

---

4   *Filipenses* 2:13.

permanecer pobre, porque não há o suficiente para todos. As pessoas se apegam tanto a esse pensamento errôneo que sentem vergonha de pedir riquezas; tentam não querer mais do que uma vida muito modesta, apenas o suficiente para se sentirem confortáveis.

Lembro-me agora do caso de um aluno que tive. Eu disse a ele que deveria ter uma imagem clara das coisas que desejava, para que o pensamento criativo delas pudesse ser impresso na Substância Sem Forma. Ele era um homem muito pobre, vivendo em uma casa alugada, apenas com o que ganhava dia após dia, e não conseguia compreender o fato de que todas as riquezas eram dele. Então, depois de refletir sobre o assunto, ele decidiu que poderia pedir um tapete novo para o chão de sua melhor sala e um fogão a carvão para aquecer a casa durante o frio. Seguindo as instruções deste livro, ele obteve essas coisas em alguns meses; então, percebeu que não havia pedido o suficiente. Ele examinou a casa em que morava e planejou todas as melhorias que gostaria de fazer nela, acrescentou mentalmente uma janela de sacada aqui e um cômodo ali, até que a casa ideal estivesse completa em sua mente, depois, planejou os móveis.

Mantendo a imagem completa em sua mente, ele começou a viver do Jeito Certo e a se mover em direção ao que queria. Agora ele é dono da casa, que está reconstruindo segundo a forma de sua imagem mental. Com uma fé ainda maior, ele está avançando em busca de coisas maiores. Ele recebeu de acordo com sua fé, e o mesmo pode acontecer com você e com todos nós.

VII.

GRATIDÃO

As ilustrações fornecidas no último capítulo certamente demonstraram ao leitor o fato de que o primeiro passo para enriquecer é transmitir a ideia de suas necessidades à Substância Sem Forma.

Isso é verdade, e você verá que, para fazer isso, é necessário relacionar-se com a Inteligência Sem Forma de modo harmonioso.

Assegurar essa relação harmoniosa é uma questão de importância tão primária e vital que dedicarei algum espaço para discuti-la aqui, fornecendo instruções que, se forem seguidas, certamente levarão você à perfeita unidade de mente com Deus.

Todo esse processo de ajuste mental e expiação pode ser resumido em uma palavra: *gratidão*.

Primeiro, você acredita que existe uma Substância Inteligente, da qual todas as coisas procedem; segundo, você acredita que essa Substância dá a você tudo o que deseja; e terceiro, você se relaciona com Ela por meio de um sentimento de profunda e sincera gratidão.

Muitas pessoas que organizam suas vidas corretamente em todos os outros aspectos continuam na pobreza por falta de gratidão. Tendo recebido uma dádiva de Deus, elas cortam os fios que as conectam a Ele, deixando de agradecer.

É fácil entender que, quanto mais perto vivermos da fonte de riqueza, mais riqueza receberemos; e é fácil, também, entender que a alma que está sempre grata vive em contato mais próximo com Deus do que aquela que nunca olha para Ele com gratidão.

Quanto mais gratos estivermos, fixando nossas mentes no Supremo quando as coisas boas acontecem conosco, mais coisas boas receberemos, e mais rapidamente elas virão; e a razão é simples: a atitude mental de gratidão aproxima a mente da fonte de onde vêm as bênçãos.

Se é uma novidade para você que a gratidão aproxima toda a sua mente das energias criativas do universo, leve-a a sério, e verá que é verdade. As coisas boas que você já tem vieram até você por meio da obediência a certas leis. A gratidão conduzirá sua mente ao longo dos caminhos pelos quais as coisas vêm; ela manterá você em estreita harmonia com o pensamento criativo e impedirá que você caia no pensamento competitivo.

Somente a gratidão pode nos manter olhando para o Todo e impedir que caiamos no erro de pensar que o suprimento é limitado; e isso seria fatal para nossas esperanças.

Existe uma Lei da Gratidão, e é absolutamente necessário que você observe essa lei se deseja obter os resultados que busca.

A lei da gratidão é o princípio natural de que a ação e a reação são sempre iguais, mas em direções opostas.

A expressão agradecida de sua mente em louvor agradecido ao

Supremo consiste em uma libertação ou dispêndio de força; ela não pode deixar de alcançar aquilo a que se dirige, e a reação é um movimento instantâneo em sua direção.

"Chegai-vos a Deus, e ele se chegará a vós."[5] Essa é uma declaração de verdade psicológica.

E se sua gratidão for forte e constante, a reação na Substância Sem Forma também será forte e constante; o movimento das coisas que você deseja será sempre em sua direção. Observe a atitude de gratidão que Jesus assumiu, e como Ele parece estar sempre dizendo: *"Graças te dou, ó Pai, porque tens me ouvido"*[6]. Não podemos exercer o Poder sem gratidão, pois é a gratidão que nos mantém conectados com Ele.

Mas o valor da gratidão não consiste apenas em obter mais bênçãos no futuro. Sem gratidão, você não conseguirá evitar por muito tempo os pensamentos de insatisfação com relação às coisas como elas são.

Quando você permite que sua mente se concentre com insatisfação nas coisas como elas são, você começa a perder terreno. Você fixa a atenção no comum, no ordinário, no pobre, no escasso e no mesquinho; e sua mente assume a forma dessas coisas.

---

5   *Tiago* 4:8.
6   *João* 11:41.

Deste modo, você transmitirá essas formas ou imagens mentais para a Sem Forma, e o comum, o pobre, o esquálido e o mesquinho virão até você.

Permitir que sua mente se concentre no que é inferior é tornar-se inferior e cercar-se de coisas inferiores.

Por outro lado, fixar sua atenção no melhor é cercar-se do melhor e tornar-se o melhor.

O Poder Criativo dentro de nós nos transforma na imagem daquilo a que dedicamos nossa atenção.

Somos a Substância Pensante, e esta sempre assume a forma daquilo em que pensa.

A mente grata está constantemente voltada para o melhor; portanto, tende a se tornar o melhor; assume a forma ou o caráter do melhor e, assim, receberá o melhor.

Além disso, a fé nasce da gratidão. A mente grata espera continuamente coisas boas, e essa expectativa se transforma em fé. A reação de gratidão sobre a própria mente produz fé; e cada onda de gratidão aumenta a fé. Quem não possui um sentimento de gratidão não consegue sustentar uma fé viva por muito tempo; e sem uma fé viva não é possível enriquecer pelo método criativo, como veremos nos próximos capítulos.

É necessário, portanto, cultivar o hábito de ser grato por todas as coisas boas que acontecerem, e dar graças continuamente.

E como todas as coisas contribuíram para o seu progresso, você deve incluir todas as coisas em sua gratidão.

Não perca tempo pensando ou falando sobre os defeitos ou ações erradas dos ricos e poderosos. Apesar de suas imperfeições, o mundo que eles ajudaram a criar também nos oferece oportunidades para progredir e alcançar nossos objetivos.

Não se irrite com os políticos corruptos; se não fossem os políticos, viveríamos na anarquia, e nossas oportunidades seriam muito menores.

Deus trabalhou por muito tempo e com muita paciência para nos elevar ao ponto em que estamos, em termos de sociedade e desenvolvimento; e Ele continua com Seu trabalho. Não há a menor dúvida de que Ele removerá os plutocratas, magnatas, capitães da indústria e políticos, assim que eles não forem mais úteis para o funcionamento do mundo; mas, enquanto isso, veja que todos eles são necessários. Lembre-se de que todos eles estão ajudando a organizar as linhas de transmissão pelas quais suas riquezas virão até você, e seja grato por todos eles. Isso colocará você em relações harmoniosas com o que há de bom em tudo, e todo o bem se moverá em sua direção.

VIII.

PENSANDO DO JEITO CERTO

Volte ao capítulo VI e releia a história do homem que formou uma imagem mental de sua casa e você terá uma boa ideia do primeiro passo para ficar rico. É preciso formar uma imagem mental clara e definida do que se deseja; não é possível transmitir uma ideia, a menos que você a tenha.

Muitas pessoas falham em moldar a Substância Pensante porque têm apenas um conceito vago e nebuloso das coisas que desejam fazer, ter ou de quem querem ser.

Não basta ter apenas um desejo genérico de ser rico "para fazer o bem"; todo mundo tem esse desejo.

Também não basta ter o desejo de viajar, ver coisas novas, viver mais. Todo mundo também tem esses desejos. Se você fosse enviar uma mensagem para um amigo, não enviaria as letras do alfabeto e deixaria que ele construísse a mensagem; nem pegaria palavras aleatórias do dicionário. Você enviaria uma frase coerente, com algum significado. Quando tentar imprimir a Substância com seus desejos, lembre-se de que isso deve ser feito por meio de uma declaração coerente; você deve saber o que quer e ser definitivo.

Você nunca conseguirá ficar rico ou colocar o poder criativo em ação enviando anseios sem forma e desejos vagos.

Analise seus desejos da mesma forma que o homem que descrevi analisou a casa dele; identifique exatamente o que você quer e crie uma imagem mental clara disso, visualizando como deseja que seja quando alcançar seu objetivo.

Mantenha constantemente essa imagem mental clara, assim como o marinheiro tem em mente o porto para o qual está navegando com seu navio. Você deve estar sempre voltado para ela. Você não deve perdê-la de vista, assim como o timoneiro não perde de vista a sua bússola.

Não é necessário fazer exercícios de concentração nem separar momentos especiais para orações e afirmações; não é preciso "ficar em silêncio" nem fazer truques ocultos de qualquer tipo. Essas coisas são muito boas, mas tudo o que você precisa é saber o que deseja – e desejar o suficiente para que isso permaneça em seus pensamentos.

Dedique o máximo do seu tempo livre contemplando sua visão. Não é necessário fazer exercícios para concentrar a mente em algo que realmente deseja, pois exige mais esforço fixar a atenção nas coisas pelas quais você não se importa verdadeiramente.

Assim como a agulha da bússola é firmemente atraída e mantida na direção do polo magnético, seu desejo de enriquecer deve ser tão forte que mantenha seus pensamentos e ações consistentemente focados nesse objetivo. Sem esse desejo, dificilmente valerá a pena tentar executar as instruções dadas neste livro.

Os métodos aqui expostos destinam-se a pessoas cujo desejo de enriquecer é tão forte a ponto de fazê-las superar a preguiça mental e o amor pela comodidade e colocarem-nas para trabalhar.

Quanto mais clara e definida for a sua imagem, e quanto mais você se dedicar a ela, trazendo à tona todos os seus detalhes mais encantadores, mais forte será o seu desejo; e quanto mais forte for o seu desejo, mais fácil será manter a mente fixa na imagem do que deseja.

No entanto, algo mais é necessário além de apenas visualizar essa imagem com clareza. Se isso é tudo o que você faz, você é apenas um sonhador e terá pouco ou nenhum poder de realização.

Por trás de sua visão clara, deve estar o propósito de realizá-la, de trazê-la à vida em uma expressão tangível.

E, por trás desse propósito, você precisa ter uma FÉ invencível e inabalável de que esse desejo já é seu; que ele está disponível para você agora mesmo e que só precisa reivindicá-lo.

Viva mentalmente em sua nova casa, até que ela tome forma fisicamente ao seu redor. Na esfera mental, comece imediatamente a desfrutar plenamente das coisas que você deseja.

"Tudo o que pedirdes em oração, crede que o rece-bereis, e tê-lo-eis"[7], disse Jesus.

Visualize as coisas que deseja como se estivessem ao seu redor o tempo todo; veja-se como proprietário e usuário delas. Faça uso delas na imaginação da mesma forma que você as usará quando forem suas posses tangíveis. Medite sobre sua imagem mental até que ela esteja clara e distinta, e então adote a Atitude Mental de Propriedade em relação a tudo o que estiver nessa imagem. Tome posse disso, mentalmente, com plena fé de que é realmente seu. Mantenha essa propriedade mental; não vacile nem por um instante na fé de que ela é real.

E lembre-se do que foi dito no capítulo anterior sobre a gratidão: seja grato por esse desejo o tempo todo, assim como espera ser quando ele se concretizar. A pessoa que consegue sinceramente agradecer a Deus pelas coisas que possui apenas em sua imaginação, essa tem fé verdadeira. Ela ficará rica; ela provocará a criação de tudo o que quiser.

Você não precisa orar repetidamente pelas coisas que deseja; não é necessário falar com Deus sobre isso todos os dias.

---

7   *Marcos* 11:24.

"Não useis de vãs repetições, como fazem os pagãos", disse Jesus a Seus discípulos; *"porque vosso Pai sabe do que tendes necessidade antes mesmo de pedirdes"*.[8]

Sua parte é formular inteligentemente seu desejo pelas coisas que contribuem para uma vida melhor e organizar esses desejos em um todo coerente; e, então, imprimir esse Desejo Total na Substância Sem Forma, que tem o poder e a vontade de trazer o que você deseja.

Você não faz essa impressão repetindo sequências de palavras; você a faz mantendo a visão com o firme PROPÓSITO de alcançá-la e com a FÉ inabalável de que a alcançará.

A resposta à oração não é de acordo com a sua fé enquanto você fala, mas de acordo com a sua fé enquanto você trabalha.

Não é possível impressionar a mente de Deus separando um dia de sábado especial para dizer a Ele o que você quer e depois se esquecer Dele durante o resto da semana. Não é possível impressioná-Lo tendo horas especiais para ir ao seu quarto e orar, se depois você não pensar no assunto até que a hora da oração chegue novamente.

A oração oral é muito boa e tem seus efeitos, especialmente sobre você mesmo, ao esclarecer sua

---

8   *Mateus* 6:7-8.

visão e fortalecer sua fé; mas não são as petições orais que lhe darão o que você deseja. Para ficar rico, você não precisa de um "doce momento de oração"; você precisa *"orar sem cessar"*[9]. E, por oração, quero dizer manter-se firme em sua visão, com o propósito de provocar sua criação de modo concreto, e manter a fé de que você está fazendo isso.

"Crede que o recebereis."[10]

Toda a questão gira em torno do recebimento, uma vez que você tenha formado claramente sua visão. Depois de tê-la formado, é bom fazer uma declaração oral, dirigindo-se ao Supremo em oração reverente; e a partir desse momento você deve, em sua mente, receber o que pediu. Viva em sua casa nova, use lindas roupas, dirija o seu automóvel, faça aquela viagem e planeje com confiança viagens maiores. Pense e fale sobre todas as coisas que você pediu como se já estivesse em posse delas. Imagine um ambiente e uma condição financeira exatamente como você deseja, e viva o tempo todo nesse ambiente e nessa condição financeira. Lembre-se, porém, de não fazer isso como mero sonhador e construtor de castelos; mantenha-se na FÉ de que o imaginário está sendo realizado e no PROPÓSITO de realizá-lo. Lembre-se

---

9   *1 Tessalonicenses* 5:17.
10   *Marcos* 11:24.

de que a fé e o propósito no uso da imaginação fazem a diferença entre o cientista e o sonhador; e, tendo aprendido esse fato, é aqui que você deve aprender sobre o uso adequado da Vontade.

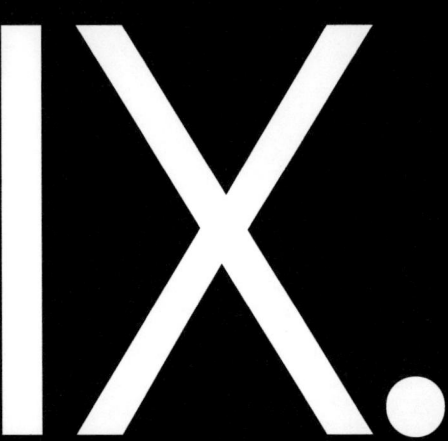

IX.

COMO USAR A SUA FORÇA DE VONTADE

Para começar a enriquecer de forma científica, não tente aplicar sua força de vontade a nada que não seja você mesmo.

De qualquer forma, você não tem o direito de fazer isso.

É errado aplicar sua vontade sobre outras pessoas, esperando que façam o que você deseja.

É tão flagrantemente errado coagir as pessoas pelo poder mental quanto coagi-las pelo poder físico. Se obrigar as pessoas por meio da força física a fazer coisas para você as reduz à escravidão, obrigá-las por meios mentais realiza exatamente a mesma coisa; a única diferença está nos métodos. Se tomar coisas das pessoas pela força física é roubo, então tomar coisas pela força mental também é roubo; não há diferença de princípio.

Você não tem o direito de usar sua força de vontade sobre outra pessoa, mesmo que seja "para o bem dela", pois você não sabe o que é melhor para ela.

A ciência de enriquecer não requer que você aplique poder ou força a qualquer outra pessoa, de forma alguma. Não há a menor necessidade de fazer isso; na verdade, qualquer tentativa de usar sua vontade sobre os outros apenas tenderá a frustrar seu propósito.

Você não precisa aplicar sua vontade às coisas para obrigá-las a vir até você.

Isso seria simplesmente tentar coagir a Deus; o que é tolo e inútil, além de irreverente.

Você não precisa obrigar Deus a lhe dar coisas boas, assim como não precisa usar sua força de vontade para fazer o Sol nascer.

Você não precisa usar sua força de vontade para conquistar uma divindade hostil ou para fazer com que forças obstinadas e rebeldes obedeçam aos seus comandos.

A Substância é amigável com você e está mais ansiosa para dar o que você quer do que você está para obtê-lo.

Para ficar rico, você só precisa usar sua força de vontade sobre si mesmo.

Quando você sabe o que pensar e fazer, precisa usar sua vontade para se obrigar a pensar e fazer as coisas certas. Esse é o uso legítimo da vontade para obter o que deseja: usá-la para se manter no caminho certo. Use sua vontade para se manter pensando e agindo do Jeito Certo.

Não tente projetar sua vontade, seus pensamentos ou sua mente no espaço para "agir" sobre coisas ou pessoas.

Mantenha sua mente em casa. Isso é mais produtivo do que se distrair com o que está acontecendo no mundo ao seu redor.

Use sua mente para formar uma imagem mental do que você quer e para manter essa visão com fé e propósito; além disso, use sua vontade para manter sua mente trabalhando do Jeito Certo.

Quanto mais firmes e contínuos forem sua fé e seu propósito, mais rapidamente você enriquecerá, porque causará apenas impressões POSITIVAS na Substância; e não as neutralizará nem as anulará com impressões negativas.

A imagem de seus desejos, mantida com fé e propósito, é absorvida pela Sem Forma e a permeia a grandes distâncias – por todo o universo, pelo que sei.

À medida que essa impressão se espalha, todas as coisas começam a se mover em direção à sua realização; todos os seres vivos, todos os seres inanimados e as coisas ainda não criadas, tudo é estimulado a trazer à existência aquilo que você deseja. Todas as forças começam a ser exercidas nessa direção; todas as coisas começam a se mover em direção a você. As mentes das pessoas, em todos os lugares, serão influenciadas a fazer as coisas necessárias para a realização de seus desejos; e elas trabalharão inconscientemente por você.

Mas você pode interromper tudo isso iniciando uma impressão negativa na Substância Sem Forma. Assim como a fé e o propósito iniciam um movimento em sua direção, a dúvida e a descrença fatalmente iniciam um movimento para longe de você. Por não entender esse fato, a maioria das pessoas que tentam fazer uso da "ciência mental" para enriquecer acaba fracassando. Cada hora e cada momento que você desperdiça dando atenção a dúvidas e medos, cada hora que passa preocupado, cada hora em que sua alma é possuída pela descrença cria uma corrente que afasta de você todo o domínio da Substância inteligente. Todas as promessas são para os que creem, e somente para eles. Perceba como Jesus foi insistente sobre o ato de crer; e agora você sabe a razão.

A crença é muito importante, e cabe a você proteger seus pensamentos. Como suas crenças serão moldadas, em grande parte, pelas coisas que você observa e pensa, é importante que você direcione a sua atenção.

E é aqui que a vontade entra em ação, pois é por meio dela que você determina em quais coisas deve focar.

Se você quiser ficar rico, não deve observar a pobreza.

As coisas não são criadas pensando em seus opostos. A saúde nunca será alcançada estudando a doença; a retidão não será alcançada pensando no pecado; e ninguém jamais ficou rico observando a pobreza.

A medicina, como ciência da doença, aumentou a doença; a religião, como ciência do pecado, promoveu o pecado; e a economia, como estudo da pobreza, encherá o mundo de miséria e necessidade.

Não fale sobre a pobreza, não a investigue nem se preocupe com ela. Não importa quais são suas causas, você não tem nada a ver com elas.

O que importa é a cura.

Não passe seu tempo em trabalhos ou movimentos de caridade; toda caridade só tende a perpetuar a miséria que pretende erradicar.

Não estou dizendo que você deve ter um coração duro ou cruel e recusar-se a ouvir o clamor da necessidade, mas você não deve tentar erradicar a pobreza por nenhuma das formas convencionais. Deixe a pobreza e tudo o que diz respeito a ela para trás, e apenas "faça o bem".

Fique rico. Essa é a melhor maneira de ajudar os pobres.

Você não conseguirá manter a imagem mental que o tornará rico se encher sua mente com imagens de pobreza. Não leia livros ou jornais que apresentem relatos circunstanciais da miséria dos moradores de cortiços, dos horrores do trabalho infantil e assim por diante. Não leia nada que encha sua mente com imagens sombrias de necessidade e sofrimento.

Não é possível ajudar os pobres de forma alguma sabendo sobre essas coisas; e o conhecimento disseminado sobre elas não tende de forma alguma a eliminar a pobreza.

O que tende a eliminar a pobreza não é trazer imagens de pobreza para a sua mente, mas colocar imagens de riqueza na mente dos pobres.

Você não está abandonando os pobres em sua miséria quando se recusa a permitir que sua mente seja preenchida com imagens dessa miséria.

A pobreza pode ser eliminada não pelo aumento do número de pessoas abastadas que pensam sobre a pobreza, mas pelo aumento do número de pessoas pobres que se propõem com fé a enriquecer.

Os pobres não precisam de caridade; eles precisam de inspiração. A caridade apenas envia a eles um pedaço de pão para mantê-los vivos em sua miséria ou lhes dá entretenimento para fazê-los esquecer por uma ou duas horas; mas a inspiração fará com que saiam de sua miséria. Se você quiser ajudar os pobres, demonstre a eles que podem ficar ricos; prove isso ficando rico você mesmo.

A única maneira pela qual a pobreza será banida deste mundo é fazendo com que um número grande e constantemente crescente de pessoas pratique os ensinamentos deste livro.

As pessoas devem ser ensinadas a enriquecer por meio da criação, e não pela competição.

Cada pessoa que enriquece pela competição derruba atrás de si a escada pela qual subiu e mantém os outros embaixo; mas todo aquele que enriquece por meio da criação abre caminho para que milhares o sigam, e os inspiram a fazê-lo.

Não se trata de ser insensível ou ter um coração duro quando você opta por não se deixar abalar pela pobreza, evitando sentir pena dela, evitando observá-la, ler sobre ela, pensar ou falar sobre ela ou mesmo ouvir aqueles que a mencionam. Use sua força de vontade para manter sua mente BEM LONGE do tema da pobreza e concentre-se com fé e determinação na visão do que você deseja.

X.

POTENCIALIZANDO O USO DA VONTADE

Você não pode manter uma visão verdadeira e clara da riqueza se estiver constantemente voltando sua atenção para imagens opostas, sejam elas externas ou imaginárias.

Não fale de seus problemas financeiros passados, se os teve; não pense neles de forma alguma. Não fale da pobreza de seus pais ou das dificuldades de sua infância; fazer qualquer uma dessas coisas é classificar-se mentalmente entre os pobres, e isso certamente interromperá o movimento das coisas em sua direção.

"Deixai os mortos enterrar seus mortos"[11], como disse Jesus.

Deixe a pobreza e todas as coisas relacionadas a ela completamente para trás.

Você acaba de aceitar uma determinada teoria do universo como sendo correta e está depositando nela todas as suas esperanças de felicidade; o que você ganha ao dar atenção a teorias conflitantes?

Não leia livros religiosos que dizem que o mundo está prestes a acabar e não leia os escritos de fanáticos e filósofos pessimistas que afirmam que o mundo está condenado.

O mundo não está indo em direção ao inferno; está indo em direção a Deus.

É um maravilhoso Tornar-Se.

---

11   *Lucas* 9:60.

É verdade que pode haver muitas coisas desagradáveis nas condições existentes, mas qual é a utilidade de estudá-las quando elas certamente estão desaparecendo, e quando o estudo delas só tende a impedir que elas desapareçam e a mantê-las conosco? Por que dedicar tempo e atenção a coisas que estão sendo removidas pelo crescimento evolucionário quando você pode acelerar sua remoção apenas promovendo o crescimento à medida que você faz parte dele?

Por mais horríveis que pareçam as condições em determinados países, locais ou regiões, você desperdiçará seu tempo e destruirá suas próprias chances ao ficar pensando nelas.

Você deve se interessar pelo enriquecimento do mundo.

Pense nas riquezas que o mundo está obtendo em vez da pobreza da qual está saindo; e tenha em mente que a única maneira de ajudar o mundo a enriquecer é tornando-se rico por meio do método criativo, não do competitivo.

Dedique toda a sua atenção às riquezas; ignore a pobreza.

Sempre que pensar ou falar sobre os pobres, pense e fale sobre eles como se estivessem ficando ricos; como se fossem pessoas que devem ser parabenizadas em vez de lamentadas. Assim, eles e outras pessoas poderão se inspirar e começarão a procurar uma saída.

Quando digo que você deve dedicar todo o seu tempo, mente e pensamento às riquezas, isso não significa que você deve ser avarento ou mesquinho.

Tornar-se realmente rico é o objetivo mais nobre que você pode ter na vida, pois inclui tudo o mais.

No plano competitivo, a luta para ficar rico é uma luta sem Deus em busca do poder sobre outros homens; mas, quando entramos na mentalidade criativa, tudo muda.

Tudo o que é possível em termos de grandeza e desenvolvimento da alma, de serviço e de esforço elevado, vem por meio da riqueza; tudo se torna possível pelo uso das coisas.

Se você não tem saúde física, logo descobrirá que a obtenção dela depende de sua riqueza.

Apenas aqueles que estão livres de preocupações financeiras e têm os recursos para viver uma existência sem sobressaltos, adotando práticas saudáveis, podem desfrutar e manter a boa saúde.

A grandeza moral e espiritual é possível apenas para aqueles que estão acima da batalha competitiva pela existência; e somente aqueles que estão se tornando ricos no plano do pensamento criativo estão livres das influências degradantes da competição. Se o seu coração estiver voltado para a felicidade doméstica, lembre-se de que o amor floresce melhor onde há refinamento, um alto nível de pensamento e liberdade de influências corruptoras; e estas só serão encontradas onde as riquezas são alcançadas pelo exercício do pensamento criativo, sem disputas ou rivalidades.

Repito: você não pode almejar nada tão grandioso ou nobre quanto ficar rico e deve fixar sua atenção em sua imagem mental da riqueza, excluindo tudo o que possa ofuscar ou obscurecer a sua visão.

Você deve aprender a enxergar a VERDADE subjacente em todas as coisas; deve ver, por trás de todas as condições aparentemente erradas, a Grande Vida Única sempre avançando em direção a uma expressão mais plena e a uma felicidade mais completa.

E a verdade é que não existe pobreza; existe apenas riqueza.

Algumas pessoas permanecem na pobreza porque ignoram o fato de que existe riqueza para elas; e a melhor maneira de ensiná-las é mostrando o caminho para a riqueza por nossos próprios exemplos e atitudes.

Outras são pobres porque, embora saibam que existe uma saída, são intelectualmente preguiçosas demais para fazer o esforço mental necessário para encontrar esse caminho e percorrê-lo. Para elas, a melhor coisa que podemos fazer é despertar o seu desejo, mostrando-lhes a felicidade de ser rico.

Outras pessoas, ainda, são pobres porque, embora tenham alguma noção de ciência, ficaram tão enredadas e perdidas no labirinto de teorias metafísicas e ocultas que não sabem qual caminho tomar. Elas experimentam muitos sistemas, mas falham em todos. Para elas, novamente, a melhor coisa a fazer é mostrar o caminho certo com nosso próprio exemplo e prática; um grama de atitude vale mais do que um quilo de teorização.

A melhor coisa que você pode fazer pelo mundo inteiro é alcançar o máximo potencial de si mesmo.

Você não pode servir a Deus e ao homem de maneira mais eficaz do que enriquecendo; isto é, se você enriquecer pelo método criativo, e não pelo competitivo.

Outra coisa: afirmamos que este livro oferece em detalhes os princípios da ciência de ficar rico; e, se isso for verdade, você não precisa ler nenhum outro livro sobre o assunto. Isso pode soar restrito e egoísta, mas pense bem: não há método de cálculo mais científico na matemática do que a adição, subtração, multiplicação e divisão; nenhum outro método é possível. Só pode haver uma distância mais curta entre dois pontos. Há apenas uma maneira de pensar cientificamente, que é pensar da maneira que leva pelo caminho mais direto e simples ao objetivo. Ninguém formulou ainda um "sistema" mais breve ou menos complexo do que este que apresentamos; ele foi despojado de todos os aspectos não essenciais. Quando você começar a trabalhar com ele, deixe todos os outros de lado; tire-os completamente de sua mente.

Leia este livro todos os dias, mantenha-o com você, memorize-o e não pense em outros "sistemas" e teorias. Se fizer isso, você começará a ter dúvidas, ficará receoso e vacilante em seu pensamento e, então, começará a fracassar.

Depois de ter sucesso e ficar rico, você poderá estudar outros sistemas o quanto quiser; mas, até ter certeza de que alcançou o que deseja, não leia nada além deste livro, a menos que sejam os autores mencionados no Prefácio.

E leia apenas os comentários mais otimistas sobre as notícias do mundo; aqueles que estiverem em harmonia com sua imagem.

Além disso, adie suas investigações sobre o ocultismo. Não se dedique à teosofia, ao espiritismo ou a estudos semelhantes. É muito provável que os mortos ainda vivam e estejam por perto; mas, se estiverem, deixe-os em paz; cuide de sua própria vida.

Onde quer que os espíritos dos mortos estejam, eles têm seu próprio trabalho a fazer e seus próprios problemas a resolver; e não temos o direito de interferir sobre eles. Não podemos ajudá-los, e é muito duvidoso que eles possam nos ajudar, ou se temos algum direito de invadir o tempo deles, se for permitido. Deixe os mortos e o além em paz e resolva seus próprios problemas: fique rico. Se você começar a se envolver com o ocultismo, iniciará correntes cruzadas mentais que certamente afundarão suas esperanças.

Este capítulo e os anteriores nos levaram à seguinte declaração de fatos básicos:

Existe uma substância pensante da qual todas as coisas são feitas e que, em seu estado original, permeia, penetra e preenche os espaços do universo.

Um pensamento, dentro desta substância, resulta na manifestação daquilo que é visualizado pelo pensamento.

Você pode formar coisas em seu pensamento e, ao imprimi-lo na substância sem forma, pode fazer com que esse pensamento se torne realidade. Para fazer isso, você precisa deixar o pensamento competitivo e assumir uma mente criativa; deve formar uma imagem mental clara das coisas que deseja e mantê-la em seus pensamentos com o firme PROPÓSITO e a FÉ inabalável de que conseguirá o que deseja, fechando a mente contra tudo o que possa abalar seu propósito, obscurecer sua visão ou extinguir sua fé.

E, além de tudo isso, veremos agora que ele deve viver e agir do Jeito Certo.

XI.

AGINDO DO JEITO CERTO

O pensamento é o poder criativo ou a força impulsionadora que faz o poder criativo agir; pensar do Jeito Certo trará riquezas para você, mas você não deve confiar apenas no pensamento, sem prestar atenção à ação pessoal. Essa é a rocha sobre a qual muitos pensadores metafísicos, que de outra forma seriam científicos, acabam naufragando: a incapacidade de conectar o pensamento à ação pessoal.

Ainda não alcançamos o estágio de desenvolvimento, mesmo que tal estágio seja possível, em que o ser humano consiga criar diretamente a partir da Substância Sem Forma sem os processos da natureza ou o trabalho de suas mãos. O ser humano não deve apenas pensar, mas sua ação pessoal deve complementar seu pensamento.

Por meio do pensamento, você pode fazer com que o ouro no coração das montanhas seja impelido em sua direção. Porém, ele não vai se minerar nem se refinar sozinho, se transformar em moedas e vir rolando pelas estradas em busca do seu bolso.

Sob o poder impulsionador do Espírito Supremo, as circunstâncias serão organizadas de tal forma que alguém será motivado a extrair o ouro para você. As transações comerciais de outras pessoas serão direcionadas para trazer o ouro até você; e é preciso estar preparado para recebê-lo. O seu pensamento influenciará todas as coisas, vivas e inanimadas, a trabalharem para trazer o que você deseja;

no entanto, você deve agir de maneira a receber adequadamente o que deseja quando chegar até você. É essencial oferecer algo que tenha um valor de uso superior ao dinheiro que receberá em troca.

O uso científico do pensamento consiste em formar uma imagem mental clara e distinta daquilo que você deseja, em manter-se firme no propósito de obter o que deseja e em perceber, com fé e gratidão, que você *realmente* obteve o que tanto desejou.

Não tente "projetar" seu pensamento de maneira misteriosa ou oculta, com a ideia de fazê-lo sair e fazer coisas por você, pois esse é um esforço inútil e enfraquecerá seu poder de pensar com sanidade.

A ação do pensamento para enriquecer é totalmente explicada nos capítulos anteriores; sua fé e seu propósito imprimem positivamente sua visão sobre a Substância Informe, que tem O MESMO DESEJO POR MAIS VIDA QUE VOCÊ. Ao transmitir essa visão, você ativa todas as forças criativas disponíveis para trabalhar POR e ATRAVÉS de CAMINHOS NATURAIS DE AÇÃO, mas direcionados especificamente para você.

Não cabe a você guiar ou supervisionar o processo criativo; tudo o que você tem a fazer é manter sua visão, ater-se ao seu propósito e manter sua fé e gratidão.

Você deve agir do Jeito Certo para que possa se apropriar do que é seu quando chegar até você, para que possa encontrar as coisas que estão em sua imagem e posicioná-las em seus devidos lugares.

É muito fácil compreender essa verdade. As coisas chegarão até você pelas mãos de outras pessoas, que pedirão um valor equivalente por elas.

E você só poderá obter aquilo que é seu se der a outra pessoa o que é dela.

Sua carteira não se transformará em uma bolsa da fortuna, que estará sempre cheia de dinheiro sem esforço de sua parte.

Esse é o ponto central da ciência de enriquecer; bem aqui, quando o pensamento e a ação pessoal devem ser combinados. Há muitas pessoas que, de forma consciente ou inconsciente, colocam as forças criativas em ação pela força e persistência de seus desejos, mas permanecem pobres porque não se preparam para receber o que desejam quando chega até elas.

Pelo pensamento, aquilo que você quer vem até você; pela ação, você o recebe.

Seja qual for a sua ação, é evidente que você deve agir AGORA. Você não pode agir no passado, e é essencial para a clareza de sua visão mental que você elimine o passado de sua mente. Você não pode agir no futuro, pois o futuro ainda não chegou. E você não pode dizer como vai agir em qualquer situação futura até que esse momento tenha chegado.

Se neste momento você não está no ramo de atividade certo ou no emprego de seus sonhos, não pense que deve adiar a ação até encontrar esse ambiente certo. Não desperdice seu tempo no presente ponderando sobre como lidar com possíveis emergências futuras; tenha fé em sua capacidade de enfrentar qualquer emergência quando ela surgir.

Se você agir no presente com a mente voltada para o futuro, sua ação presente será feita com a mente dividida e não será eficaz.

Coloque toda a sua mente na ação presente.

Não dê seu impulso criativo à Substância Original e depois simplesmente sente-se e espere pelos resultados; se você fizer isso, nunca os obterá. Aja agora. Não há e nunca haverá outro momento a não ser o agora. Se você quer se preparar para receber o que deseja, deve começar agora.

E sua ação, seja ela qual for, deve ser em sua atividade ou emprego atual e deve envolver as pessoas e coisas em seu ambiente atual.

Você não pode agir onde não está, não pode agir onde já esteve e não pode agir onde vai estar; você só pode agir onde está.

Não se preocupe se o trabalho de ontem foi bem-feito ou malfeito; faça bem o trabalho de hoje.

Não tente fazer agora o trabalho de amanhã; haverá tempo de sobra para isso quando você chegar lá.

Não tente, por meios ocultos ou místicos, agir sobre pessoas ou coisas que estão fora do seu alcance.

Não espere que o ambiente mude sem agir; mude o seu ambiente por meio da ação.

Você pode agir de acordo com o ambiente em que se encontra agora fazendo com que ele se transforme em um ambiente melhor.

Mantenha a visão de si mesmo em um ambiente melhor, com fé e propósito; mas aja em seu ambiente atual com todo o seu coração, com todas as suas forças e com toda a sua mente.

Não perca tempo sonhando acordado ou construindo castelos; mantenha a visão única do que você deseja e aja AGORA.

Não saia por aí procurando coisas novas para fazer nem esquemas estranhos, incomuns ou notáveis para realizar como primeiro passo para ficar rico. É provável que suas ações, pelo menos por algum tempo, continuem sendo as mesmas coisas que você já faz há algum tempo; mas você deve começar agora mesmo a agir do Jeito Certo, o que certamente o tornará rico.

Se você está envolvido em uma área de atividade e sente que não é a certa para você, não espere até encontrar a área ideal para começar a agir.

Não desanime nem fique se lamentando por estar no lugar errado. Não importa o quão deslocada uma pessoa se sinta em sua situação atual: sempre existe uma oportunidade de encontrar o lugar certo.

Mantenha a visão de si mesmo na atividade que deseja, com o propósito de ingressar nela, e a fé de que conseguirá; mas não deixe de AGIR em seu ambiente atual. Use seu trabalho atual como meio para conseguir um melhor e ingressar em um ambiente melhor. Mantenha sua visão com fé e propósito, e, então, o Supremo moverá a oportunidade certa em sua direção; e se agir do Jeito Certo, você se moverá em direção a essa oportunidade.

Se você é um empregado ou assalariado e sente que precisa mudar de ambiente para conseguir o que deseja, não "projete" seu pensamento no espaço e confie nele para encontrar outro emprego. Você provavelmente não conseguirá.

Mantenha a visão de si mesmo no emprego que deseja enquanto AGE com fé e propósito no emprego que tem, e certamente conseguirá o emprego que deseja.

Sua visão e sua fé colocarão a força criativa em movimento para trazê-lo até você, e sua ação fará com que as forças em seu próprio ambiente o levem em direção ao lugar que deseja. Para encerrar este capítulo, acrescentaremos mais uma declaração ao nosso programa de estudos:

Existe uma substância pensante da qual todas as coisas são feitas e que, em seu estado original, permeia, penetra e preenche os espaços do universo.
Um pensamento, dentro desta substância, resulta na manifestação

daquilo que é visualizado pelo pensamento.

Você pode formar coisas em seu pensamento e, ao imprimi-lo na substância sem forma, pode fazer com que esse pensamento se torne realidade.

Para fazer isso, você precisa deixar o pensamento competitivo e assumir uma mente criativa; deve formar uma imagem mental clara das coisas que deseja e mantê-la em seus pensamentos com o firme PROPÓSITO e a FÉ inabalável de que conseguirá o que deseja, fechando a mente contra tudo o que possa abalar seu propósito, obscurecer sua visão ou extinguir sua fé.

Para receber aquilo que deseja quando a hora chegar, você deve agir AGORA sobre as pessoas e as coisas em seu ambiente atual.

XII.

FAZENDO AS COISAS DE FORMA EFICIENTE

Você deve usar seu pensamento conforme orientado nos capítulos anteriores e começar a fazer o que pode no local onde está; aliás, você deve fazer TUDO o que pode fazer onde está.

Para evoluir, você precisa se elevar acima do seu ambiente atual; e ninguém pode alcançar esse feito se negligenciar qualquer tarefa relacionada ao seu lugar na sociedade.

O progresso do mundo é impulsionado por aqueles que ultrapassam as expectativas de seus lugares atuais.

Quando uma pessoa não ocupa plenamente o seu lugar, perceba que ocorre um retrocesso em tudo. Aqueles que não assumem seus lugares plenamente são um peso morto para a sociedade, o governo, o comércio e a indústria; eles precisam ser carregados por outros a um custo muito alto. O progresso do mundo é retardado por aqueles que não ocupam os seus devidos lugares; eles pertencem a uma era anterior, a um estágio anterior, a um plano de vida inferior, e sua tendência é a degeneração. Nenhuma sociedade poderia avançar se cada pessoa não ocupasse o seu lugar. A evolução social é guiada pela lei da evolução física e mental. No mundo animal, a evolução é causada pela abundância de vida.

Quando um organismo possui mais vida do que pode expressar nas funções de seu próprio plano, ele desenvolve os órgãos de um plano superior, dando origem a uma nova espécie.

Nunca haveria novas espécies se não houvesse organismos que extrapolassem seus lugares. A lei é exatamente a mesma para você; sua riqueza depende da aplicação desse princípio aos seus próprios interesses.

Cada dia que passa pode ser um dia de sucesso ou um dia de fracasso; e são os dias de sucesso que trazem o que você deseja. Se todos os dias forem de fracasso, você nunca poderá ficar rico; mas, se todos os dias forem de sucesso, você inevitavelmente ficará rico.

Se há algo que pode ser feito hoje e você não faz, você fracassará; e as consequências podem ser mais desastrosas do que você imagina.

Você não pode prever os resultados de nada, nem mesmo do ato mais trivial. Você não conhece o funcionamento de todas as forças que foram postas em movimento em seu benefício. Muita coisa pode depender apenas de uma simples ação sua; pode ser exatamente aquilo que abrirá a porta da oportunidade para possibilidades muito maiores. Você nunca conhecerá todas as combinações que a Inteligência Suprema tem feito por você no mundo das coisas e dos assuntos humanos; sua negligência ou falha em fazer algo pequeno pode causar um longo atraso na obtenção do que você deseja.

Todos os dias, faça TUDO o que puder ser feito naquele dia.

No entanto, há uma limitação a respeito dos itens mencionados anteriormente que você deve considerar.

Você não deve trabalhar demais nem se precipitar cegamente em suas tarefas tentando fazer o maior número possível de coisas no menor tempo possível.

Você não deve tentar fazer hoje o trabalho de amanhã nem fazer o trabalho de uma semana em um dia.

Na verdade, o que conta não é o número de coisas que você faz, e sim a EFICIÊNCIA de cada tarefa.

Cada ato, por si só, é um sucesso ou um fracasso.

Cada ato, por si só, é eficaz ou ineficaz.

Cada ato ineficiente é um fracasso; e, se você passar a vida cometendo atos ineficientes, toda a sua vida será um fracasso.

Quanto mais coisas você fizer, pior para você, se todos os seus atos forem ineficientes.

Por outro lado, cada ato eficiente é um sucesso em si mesmo; e se cada ato de sua vida for eficiente, TODA a sua vida SERÁ um sucesso.

A causa do fracasso é fazer muitas coisas de maneira ineficiente, e não fazer o suficiente de maneira eficiente.

Você perceberá que é evidente que, ao evitar a ineficiência e realizar um número adequado de tarefas eficientes, você alcançará a riqueza. Se você puder tornar cada ação eficiente, perceberá que alcançar a riqueza se torna tão simples quanto a matemática.

Portanto, a questão principal é se você pode transformar cada ato em um sucesso por si só. E, sem dúvida, você pode.

Você pode fazer de cada ato um sucesso, porque o Todo Poderoso está trabalhando com você; e o Todo Poderoso não pode falhar.

O Poder está ao seu dispor e, para tornar cada ação eficiente, você só precisa direcionar esse Poder para ela.

Cada uma de suas ações pode ser forte ou fraca; e, se todas forem fortes, você está agindo do Jeito Certo, o que o levará à riqueza.

Cada ação poderá se tornar forte e eficiente se você mantiver sua visão enquanto a realiza, e investir nela todo o poder de sua FÉ e seu PROPÓSITO.

É neste ponto que muitas pessoas fracassam: ao separar o poder mental da ação pessoal. Elas usam o poder da mente em um lugar e momento e agem em outro lugar e momento. Como resultado, suas ações não são bem-sucedidas; muitas delas são ineficazes. No entanto, quando o Todo Poderoso está presente em cada ação, não importa quão trivial ela seja, cada ato se torna um sucesso em si mesmo. Naturalmente, cada sucesso abre caminho para outros. Portanto, o seu progresso em direção ao que deseja, assim como o progresso do que você deseja em sua direção, se tornarão cada vez mais rápidos.

> Lembre-se de que a ação bem-
> -sucedida é cumulativa em seus
> resultados. Quando o desejo por
> mais vida é inerente a todas as
> coisas, a pessoa começa a se mover
> em direção a uma vida melhor. Mais
> coisas se juntam a ela, e a influência
> de seu desejo é multiplicada.

Faça todos os dias tudo o que puder fazer e realize cada ação de maneira eficiente.

Quando digo que você deve manter sua visão enquanto realiza cada ato, por mais trivial ou comum que ele seja, não quero dizer que é necessário visualizá-la em seus mínimos detalhes o tempo todo. Dedique seu tempo de lazer para visualizar os detalhes da sua visão e contemplá-los até que se tornem uma parte sólida da sua memória.

Se você deseja resultados rápidos, dedique praticamente todo o seu tempo livre a essa prática.

Por meio da prática constante de contemplação, você solidificará em sua mente a imagem do que deseja até nos menores detalhes, transferindo-a completamente para a mente da Matéria Sem Forma. Durante suas horas de trabalho, basta se referir mentalmente a essa imagem para motivar sua fé e determinação, inspirando você a dar o seu melhor. Dedique seus momentos de lazer à contemplação da sua visão até que ela se torne tão presente em sua consciência que você possa acessá-la instantaneamente. O entusiasmo resultante das suas visões promissoras despertará as energias mais poderosas dentro de todo o seu ser.

Vamos repetir nosso programa de estudos alterando ligeiramente as declarações finais, para chegar ao ponto que agora alcançamos.

> Existe uma substância pensante da qual todas as coisas são feitas e que, em seu estado original, permeia, penetra e preenche os espaços do universo.
> Um pensamento, dentro desta substância, resulta na manifestação daquilo que é visualizado pelo pensamento.
> Você pode formar coisas em seu pensamento e, ao imprimi-lo na substância sem forma, pode fazer

com que esse pensamento se torne realidade.

Para fazer isso, você precisa deixar o pensamento competitivo e assumir uma mente criativa; deve formar uma imagem mental clara das coisas que deseja e fazer, com fé e propósito, tudo o que pode ser feito a cada dia, cumprindo cada tarefa de maneira eficiente.

XIII.

ENCONTRANDO O RAMO CERTO DE ATIVIDADE

O sucesso em qualquer ramo de atividade depende, em primeiro lugar, de que você possua em um estágio bem desenvolvido as habilidades necessárias para essa área específica.

Sem uma boa habilidade musical, ninguém pode ter sucesso como professor de música. Sem habilidades mecânicas bem desenvolvidas, ninguém pode alcançar grande sucesso em qualquer um dos ofícios mecânicos. Sem tato e sem habilidades comerciais, ninguém pode ter sucesso em empreendimentos mercantis. Mas possuir em um estágio bem desenvolvido as faculdades necessárias em sua vocação particular não garante que você ficará rico. Existem músicos com talento notável que ainda permanecem pobres; existem ferreiros, carpinteiros e outros profissionais que têm excelente habilidade mecânica, mas não enriquecem; e existem comerciantes com boas habilidades para lidar com pessoas que, no entanto, falham.

As diferentes habilidades são ferramentas; é essencial ter boas ferramentas, mas também é essencial que as ferramentas sejam usadas do Jeito Certo. Uma pessoa pode pegar uma serra afiada, um esquadro, uma boa plaina, e assim por diante, e construir um belo artigo de mobiliário; outra pessoa pode pegar as mesmas ferramentas e tentar reproduzir o móvel, mas sua produção será um fracasso se não souber como usar as ferramentas de maneira satisfatória.

As várias faculdades da sua mente são as ferramentas com as quais você deve fazer o trabalho que o tornará rico; será mais fácil ter sucesso ao entrar em um ramo de atividade para o qual você está bem equipado com as habilidades mentais necessárias.

Em geral, você se sairá melhor em um empreendimento que usará suas habilidades mais fortes; aquele para o qual você é naturalmente "mais bem adaptado". Mas também há limitações para essa afirmação. Ninguém deve considerar sua vocação como sendo irrevogavelmente fixada pelas tendências com as quais nasceu.

Você pode enriquecer em QUALQUER negócio; pois, se não tiver o talento certo para isso, poderá desenvolver esse talento. Isso apenas significa que você terá de construir suas próprias ferramentas conforme avança em vez de se limitar ao uso daquelas com as quais nasceu. Será MAIS FÁCIL para você ter sucesso em uma vocação para a qual já possui os talentos em um estágio bem desenvolvido; mas você PODE ter sucesso em qualquer vocação, pois pode desenvolver qualquer talento rudimentar – e não existe talento do qual você não tenha pelo menos o rudimento.

Você ficará rico mais facilmente, em termos de trabalho, se trabalhar com o que for mais adequado para você; mas ficará rico de forma mais satisfatória se fizer aquilo que QUER fazer.

Seguir a carreira que você deseja é essencial para alcançar uma vida plena; não há verdadeira satisfação em existir se somos forçados a realizar tarefas que não nos trazem contentamento, sem nunca poder perseguir nossos verdadeiros desejos. E é absolutamente possível seguir o caminho que você deseja; o anseio por isso é evidência de que você possui o poder necessário para alcançá-lo.

O desejo é uma manifestação do Poder.

O desejo de tocar música é a habilidade musical, buscando expressão e desenvolvimento; o desejo de inventar dispositivos mecânicos é o talento mecânico buscando expressão e desenvolvimento.

Quando não há habilidade – seja ela desenvolvida ou não – para realizar uma tarefa, o desejo de realizá-la simplesmente não existe. Por outro lado, quando há um forte desejo de realizar algo, isso é uma clara indicação de que o Poder é forte, e que só precisa ser desenvolvido e aplicado do Jeito Certo.

Se tudo o mais for igual, é melhor definir o ramo de atividade para o qual você tem o talento mais bem desenvolvido; mas se você tiver um forte desejo de se envolver em alguma linha de trabalho específica, deve escolher esse trabalho como o objetivo final a ser alcançado.

Você pode trabalhar com o que quiser, e é seu direito e privilégio seguir a área de interesse ou a profissão que lhe for mais natural e agradável.

Você não é obrigado a fazer o que não gosta; e não deve fazê-lo, exceto como um meio de levá-lo a fazer o que gosta.

Se erros do passado o colocaram em uma atividade ou ambiente indesejável, você pode ser obrigado, por algum tempo, a fazer o que não gosta; mas pode tornar esse fazer agradável, sabendo que isso está abrindo os caminhos para o seu objetivo.

Se você sentir que não está na vocação certa, não aja com pressa para tentar ingressar em outra. A melhor maneira de mudar de carreira ou de ambiente é por meio do crescimento.

Não tenha medo de fazer uma mudança repentina e radical se a oportunidade se apresentar, e se você sentir, após uma cuidadosa consideração, que é a oportunidade certa. Mas nunca tome uma decisão repentina ou radical se estiver em dúvida quanto à sensatez de fazê-lo.

Nunca há pressa no plano criativo; e não existe falta de oportunidade.

Quando você sair da mente competitiva, entenderá que nunca precisa agir precipitadamente. Ninguém vai chegar na sua frente naquilo que você quer fazer; há espaço suficiente para todos. Se um lugar for ocupado, outro e melhor será aberto para você um pouco mais adiante. Há tempo de sobra. Quando estiver em dúvida, espere. Volte-se para a contemplação da sua visão e aumente sua fé e seu propósito. E, acima de tudo: em momentos de dúvida e indecisão, cultive a gratidão.

Passar um dia ou dois refletindo sobre a visão do que você deseja e expressando sincera gratidão por estar alcançando isso estabelecerá uma conexão tão íntima com o Supremo que você agirá sem cometer erros.

Existe uma mente que sabe tudo o que há para saber; e você pode entrar em estreita união com essa mente por meio da fé e do propósito de avançar na vida, se tiver profunda gratidão.

Os erros acontecem quando agimos de forma precipitada, com medo ou dúvida; ou quando nos esquecemos do Motivo Certo, que é mais vida para todos e escassez para ninguém.

À medida que você prosseguir no Caminho Certo, as oportunidades surgirão em número cada vez maior. Quando isso acontecer, você precisará ser muito firme em sua fé e propósito e manter-se em contato próximo com a Mente Universal por meio de uma reverente gratidão.

Faça tudo o que puder fazer de maneira perfeita todos os dias; mas faça isso sem pressa, preocupação ou medo. Vá o mais rápido que puder, mas nunca se apresse.

Lembre-se de que, quando você começa a ter pressa, você deixa de ser um criador e se torna um competidor; e você cai novamente no plano antigo.

Sempre que se sentir com pressa, pare. Fixe sua atenção na imagem mental do seu desejo e comece a agradecer por tê-lo alcançado. O exercício da GRATIDÃO nunca deixará de fortalecer sua fé e renovar seu propósito.

XIV.

TRANSMITA A IDEIA DE CRESCIMENTO

Independentemente de você mudar de profissão ou não, suas ações no presente devem ser relacionadas à área em que atua neste momento.

Você pode entrar na área que deseja fazendo uso produtivo da atividade em que já está estabelecido e realizando suas tarefas diárias do Jeito Certo.

Se o seu negócio consiste em lidar com outras pessoas, seja pessoalmente ou a distância, o pensamento-chave de todos os seus esforços deve ser transmitir às mentes dessas pessoas a ideia de crescimento.

O crescimento é o que todos os homens e mulheres estão buscando, é o impulso da Inteligência Sem Forma dentro de cada um, buscando uma expressão mais plena.

O desejo de expansão é inerente a toda natureza, é o impulso fundamental do universo. Todas as atividades humanas são baseadas nesse desejo. As pessoas sempre buscam por mais comida, mais roupas, melhor abrigo, mais luxo, mais beleza, mais conhecimento, mais prazer – mais crescimento, mais vida.

Todos os seres vivos estão sujeitos a essa necessidade de progresso contínuo; quando o aumento da vida cessa, a dissolução e a morte se instalam imediatamente.

O ser humano sabe disso instintivamente e, por isso, está sempre buscando mais. Essa lei do crescimento contínuo é apresentada por Jesus na *Parábola dos talentos*; apenas aqueles que ganham mais talento podem retê-lo; daqueles que não têm, até o que têm lhes será tirado.[12]

---

12   *Mateus* 25:14-30.

O desejo normal de aumentar a riqueza não é um mal ou algo repreensível; é simplesmente o desejo de uma vida mais abundante, é uma aspiração.

E como esse é o instinto mais profundo de nossas naturezas, todos os homens e mulheres são atraídos por Aquele que pode nos dar mais meios de vida.

Agindo do Jeito Certo, conforme descrito nas páginas anteriores, você poderá obter um crescimento contínuo para si mesmo e proporcioná-lo a todos à sua volta.

Você é um centro criativo a partir do qual o crescimento é liberado para todos.

Tenha certeza disso e transmita a certeza desse fato a todo homem, mulher e criança com quem você entrar em contato. Não importa quão pequena seja a transação, mesmo que seja apenas a venda de um pirulito para uma criança, transmita a ela a ideia de crescimento e certifique-se de que o cliente ficará impressionado com esse pensamento.

Imprima o progresso em tudo o que fizer, para que todas as pessoas percebam que você é uma Pessoa em Evolução e que faz o bem a todos à sua volta. Até mesmo para as pessoas que encontrar de forma casual, sem nenhuma intenção comercial, e para as quais você não venderá nada, transmita a ideia de crescimento.

Você pode transmitir essa impressão mantendo a fé inabalável de que você mesmo está no Caminho do Crescimento; e deixando essa fé inspirar, preencher e impregnar cada ação.

Faça tudo o que fizer com a firme convicção de que você é uma pessoa em crescimento e de que está proporcionando o progresso a todos.

Sinta que está ficando rico e que, ao fazê-lo, está enriquecendo outras pessoas e conferindo benefícios a todos.

Não se vanglorie nem fique se gabando de seu sucesso, não fale sobre ele desnecessariamente; a verdadeira fé nunca se vangloria.[13]

Onde quer que você encontre uma pessoa arrogante, encontrará alguém que secretamente tem dúvidas e medo. Simplesmente sinta a fé e deixe que ela se manifeste em cada transação; deixe que cada ato, cada tom e cada olhar expressem a tranquila certeza de que você está enriquecendo, e que já é rico. Palavras não serão necessárias para comunicar esse sentimento aos outros; eles terão o senso de crescimento quando estiverem em sua presença e serão atraídos por você novamente.

Você deve impressionar os outros de tal forma que eles sintam que, ao se associarem a você, obterão crescimento para si mesmos. Procure sempre oferecer a eles algo de maior valor do que o dinheiro que está recebendo.

Sinta-se honestamente orgulhoso por fazer isso e deixe que todos saibam; e não lhe faltarão clientes. As pessoas são atraídas para os locais onde encontram crescimento; e o Supremo, que deseja o crescimento de todos e que tudo conhece, levará até você homens e mulheres

---

13   *Filipenses* 2:3.

que nunca ouviram falar de você. Seus negócios crescerão rapidamente, e você ficará surpreso com os benefícios inesperados que serão proporcionados. Você poderá, a cada dia, realizar parcerias mais amplas, conquistar benefícios maiores e avançar para uma carreira mais alinhada com seus interesses, se assim desejar.

Mas, ao fazer tudo isso, você nunca deve perder de vista a visão do seu desejo, sua fé e seu propósito de conseguir o que quer.

Permita-me agora oferecer mais uma palavra de cautela em relação aos motivos e intenções.

Cuidado com a tentação perigosa de buscar o domínio sobre os outros.

Nada é tão agradável para a mente malformada ou parcialmente desenvolvida quanto o exercício de poder ou domínio sobre os outros. O desejo de governar para obter uma gratificação egoísta tem sido a maldição do mundo. Por incontáveis eras, reis e senhores têm encharcado a terra com sangue em suas batalhas para estender seus domínios; não para buscar mais vida para todos, mas para obter mais poder para si mesmos.

Atualmente, a principal motivação da economia é praticamente a mesma: as pessoas mobilizam seus exércitos de dólares e desperdiçam a vida e o coração de milhões de outras pessoas, na mesma luta insana pelo poder sobre os outros. Os reis do comércio, assim como os reis da política, são inspirados pelo desejo de poder.

Nessa ânsia pelo poder, Jesus percebeu o impulso que movia o mundo maligno que Ele veio derrubar. Leia o capítulo 23 do *Evangelho de Mateus* e veja como Ele retrata o desejo dos fariseus de serem chamados de "Mestres", de se sentarem nos lugares mais altos, de dominarem os outros e de colocarem fardos sobre as costas dos menos afortunados. Observe como Ele compara esse desejo de domínio com a busca fraterna pelo Bem Comum para a qual Ele chama Seus discípulos.

Afaste-se da tentação de buscar autoridade, de se tornar um "mestre", de ser considerado como alguém acima do bem e do mal, de impressionar os outros por meio da ostentação, e assim por diante.

A mente que busca dominar os outros é a mente competitiva; e esta não é criativa. Para dominar seu ambiente e seu destino, não é necessário que você domine seus semelhantes; e, de fato, quando você cai na disputa pelos lugares mais altos, começa a ser conquistado pelo destino e pelo ambiente, e sua riqueza se torna uma questão de acaso e especulação.

Cuidado com a mentalidade competitiva! Não há melhor declaração do princípio da ação criativa do que a frase favorita do falecido prefeito de Toledo, Samuel "Golden Rule" Jones[14]: *"O que eu quero para mim é o mesmo que quero para todo mundo".*

---

14   Samuel Milton "Golden Rule" Jones (1846-1904) foi prefeito de Toledo, Ohio, durante a Era Progressista, de 1897 até sua morte em 1904. Jones era famoso por defender de forma franca a ética proverbial da reciprocidade, ou "Regra de Ouro", daí seu apelido.

XV.

SEJA UMA PESSOA EM EVOLUÇÃO

O que eu disse no último capítulo se aplica tanto ao profissional quanto ao assalariado, assim como às pessoas que estão envolvidas em atividades comerciais.

Não importa se você é médico, professor ou clérigo; se você pode oferecer mais vida aos outros e fazê-los perceber isso, eles serão atraídos por você, e você ficará rico. O médico que mantém a visão de si mesmo como um profissional de saúde bem-sucedido e trabalha em direção à completa realização dessa visão, com fé e propósito, conforme descrito nos capítulos anteriores, entrará em contato tão próximo com a Fonte da Vida que será fenomenalmente bem-sucedido; e os pacientes vão até ele em multidões.

Ninguém tem oportunidade maior de colocar em prática os ensinamentos deste livro do que o praticante de medicina; não importa a qual das várias escolas ele pertença, pois o princípio da cura é comum a todas elas, e pode ser alcançado por todos igualmente. A Pessoa em Evolução na medicina, que mantém uma imagem mental clara de si mesma como bem-sucedida e que obedece às leis da fé, do propósito e da gratidão, conseguirá curar cada caso tratável que encontrar, independentemente dos remédios que possa utilizar.

No campo da religião, o mundo clama por clérigos que possam ensinar a seus ouvintes a verdadeira ciência da vida abundante. A pessoa que compreende profundamente a arte de prosperar, assim como os princípios relacionados ao bem-estar, à grandeza e ao amor, e que compartilha esses conhecimentos do púlpito, sempre terá uma congregação. Este é o ensinamento essencial que o mundo anseia; ele trará o crescimento para a vida e será recebido com entusiasmo pelas pessoas, que apoiarão generosamente aqueles que o apresentarem a elas.

O que precisamos agora é que a ciência da vida seja demonstrada do púlpito. Queremos pregadores que não apenas nos falem sobre como fazer, mas que, em suas próprias vidas, nos mostrem como fazer. Precisamos de pregadores que sejam exemplos de riqueza, saúde, grandeza e amor, para nos ensinar como alcançar essas realizações; e quando esses líderes surgirem, encontrarão uma audiência numerosa e fiel.

O mesmo princípio se aplica ao professor que consegue inspirar as crianças com a fé e o propósito do crescimento. Ele nunca ficará "desempregado". E qualquer professor que tenha essa fé e esse propósito poderá transmiti-los a seus alunos; ele não conseguirá evitá-lo, se isso fizer parte de sua própria vida e de sua prática.

O que é verdadeiro para o professor, para o pregador e para o médico também é verdadeiro para o advogado, para o dentista, para o corretor de imóveis, para o agente de seguros – é para todos.

A ação mental e pessoal combinada que descrevi é infalível; ela não pode falhar. Todo homem e mulher que seguir à risca essas instruções, com firmeza e perseverança, ficará rico. A lei da Expansão da

Vida é tão matematicamente correta quanto a lei da gravidade; ficar rico é uma ciência exata.

Os trabalhadores assalariados descobrirão que isso é tão válido para eles quanto para qualquer outra pessoa mencionada. Não pense que não tem chance de enriquecer só porque está em um emprego no qual não vê oportunidades claras de progresso, com salários baixos e alto custo de vida. Tenha uma visão clara do que deseja e comece a agir com fé e determinação.

Faça todo o trabalho que puder fazer, todos os dias, e cumpra cada tarefa de maneira perfeitamente satisfatória; coloque o poder do sucesso e o propósito de enriquecer em tudo o que fizer.

Mas não faça isso apenas com a ideia de agradar ao seu empregador, na esperança de que ele, ou aqueles que estão acima de você, veja seu bom trabalho e o promova; é improvável que ele faça isso.

Aquele que é apenas um "bom" profissional, ocupando seu lugar da melhor forma possível e satisfeito com isso, é valioso para seu empregador; e não é do interesse do empregador promovê-lo, pois ele vale mais onde está.

Para garantir a evolução, é preciso mais do que apenas ocupar seu lugar.

A pessoa que certamente evoluirá é grande demais para o seu lugar e tem um conceito claro do que deseja ser. Essa pessoa também sabe que pode se tornar o que quiser e que está determinada a SER o que quiser.

Não se contente em apenas ocupar o seu lugar atual com o intuito de agradar ao seu empregador; faça isso com a ideia de progredir. Mantenha a fé e o propósito do crescimento antes, durante e depois do seu horário de trabalho, de tal forma que todas as pessoas que entrarem em contato com você – seja o seu chefe, seu colega de trabalho ou um conhecido – sentirão o poder do propósito que irradia de você. Assim, todos terão a sensação de evolução e crescimento. Todos serão atraídos por você e, se não houver possibilidade de progredir em seu emprego atual, você logo verá uma oportunidade de conseguir outro emprego.

Há um Poder que nunca deixa de apresentar oportunidades à Pessoa em Evolução e que está se movendo em obediência à lei.

Deus não deixará de ajudá-lo se você agir do Jeito Certo. Ele precisa fazer isso para ajudar a Si mesmo.

Nada em suas circunstâncias atuais ou no cenário econômico poderá te derrotar. Se não conseguir ficar rico em um emprego vinculado a grandes corporações, há outras oportunidades disponíveis, como o empreendedorismo ou a agricultura. E, se começar a agir do Jeito Certo, você certamente superará as limitações impostas pelo seu emprego atual e terá o seu próprio negócio, independentemente de onde deseje estar.

Se milhares de funcionários começassem a agir do Jeito Certo, as grandes empresas logo enfrentariam dificuldades. Seriam forçadas a oferecer mais oportunidades aos seus trabalhadores, ou mesmo a encerrar suas operações. Ninguém precisa depender exclusivamente de uma grande corporação; essas empresas manterão as pessoas em condições desesperadoras enquanto houver indivíduos que desconhecem a ciência de ficar rico ou são relutantes em colocá-la em prática.

Comece a pensar e agir dessa forma, e sua fé e seu propósito o farão enxergar rapidamente qualquer oportunidade de melhorar sua condição.

Essas oportunidades virão rapidamente, pois o Supremo, trabalhando em Tudo e trabalhando por ti, as trará até você.

Não espere por uma oportunidade para se tornar tudo o que deseja ser; quando uma chance de crescer além do seu estado atual surgir e você sentir uma forte vontade de agarrá-la, não hesite. Isso será o primeiro passo em direção a oportunidades ainda maiores.

Não há nada no universo que possa impedir uma pessoa que está progredindo na vida de encontrar oportunidades.

É inerente à constituição do cosmos que todas as coisas sejam para ela e trabalhem juntas para o seu bem; e essa pessoa certamente ficará rica, se agir e pensar do Jeito Certo. Portanto, homens e mulheres assalariados, estudem este livro com muito cuidado e iniciem com confiança o curso de ação que ele prescreve; ele não falhará.

XVI.

ALGUMAS PRECAUÇÕES E OBSERVAÇÕES FINAIS

Muitas pessoas zombarão da ideia de que existe uma ciência exata para enriquecer; mantendo a impressão de que o suprimento de riqueza é limitado, insistirão que as instituições sociais e governamentais devem ser alteradas, antes que mesmo um número considerável de pessoas possa adquirir competência.

Mas isso não é verdade.

É verdade que os governos existentes mantêm as massas na pobreza, mas isso ocorre porque as massas não pensam e não agem do Jeito Certo.

Se as massas começarem a evoluir como sugerido neste livro, nem os governos, nem os sistemas econômicos poderão detê-las; todos os sistemas deverão ser modificados para acomodar esse movimento em direção ao progresso.

Se as pessoas tiverem a Mente Avançada, tiverem Fé de que podem se tornar ricas e avançarem com o propósito fixo de enriquecer, nada poderá mantê-las na pobreza.

Indivíduos podem adotar o Jeito Certo a qualquer momento e sob qualquer governo e se tornarem ricos; e quando um número considerável de pessoas o fizer sob qualquer governo, eles provocarão a modificação do sistema para abrir caminho para outros.

Quanto mais pessoas ficarem ricas no plano competitivo, pior para os outros; quanto mais ficarem ricas no plano criativo, melhor para os outros.

A salvação econômica das massas só poderá ser alcançada se uma multidão começar a praticar o método científico estabelecido neste livro e enriquecer. Estes mostrarão aos outros o caminho e os inspirarão com um desejo por uma vida real, com a fé de que ela pode ser alcançada e com o propósito de alcançá-la.

Por enquanto, contudo, é suficiente saber que nem o governo sob o qual você vive, nem o sistema capitalista ou competitivo da indústria podem impedi-lo de enriquecer. Quando você entrar no plano criativo do pensamento, você se elevará acima de todas essas coisas e se tornará cidadão de outro reino.

Mas lembre-se de que seu pensamento deve ser mantido no plano criativo; você nunca deve, por um instante sequer, ser induzido a considerar o suprimento como limitado ou a agir no nível moral da competição.

Sempre que você cair em velhos padrões de pensamento, corrija-se imediatamente; pois, quando entra na mente competitiva, perde a cooperação da Mente do Todo.

Não gaste tempo planejando como enfrentará possíveis emergências no futuro, exceto quando as políticas necessárias afetarem suas ações hoje. Preocupe-se em fazer o trabalho de hoje de maneira perfeitamente satisfatória, e não com emergências que possam surgir amanhã; você poderá lidar com elas conforme aparecerem.

Não se angustie pensando em como superar possíveis obstáculos que possam surgir em seu caminho, a menos que você perceba claramente que é necessário alterar seu curso hoje para evitá-los.

Não importa o quão grande um obstáculo possa parecer a distância, você perceberá que, se seguir o Jeito Certo, ele desaparecerá à medida que você se aproximar ou que um novo caminho se abrirá.

Nenhuma combinação possível de circunstâncias pode deter alguém que se esforça para enriquecer seguindo rigorosamente princípios científicos.

Assim como não é possível multiplicar dois por dois e não obter quatro, nenhum indivíduo que siga as leis estabelecidas pode deixar de enriquecer.

Não se preocupe antecipadamente com possíveis desastres, obstáculos, pânicos ou cenários desfavoráveis. Em vez disso, reserve seu tempo para lidar com essas situações quando surgirem no presente imediato. Você descobrirá que cada dificuldade traz consigo os recursos necessários para superá-la.

Proteja sua fala. Nunca fale de si mesmo, de seus assuntos ou de qualquer outra coisa de modo desanimado ou desencorajador.

Nunca admita a possibilidade de fracasso nem insinue que o fracasso é uma possibilidade.

Nunca diga que os tempos são difíceis ou que as condições econômicas são duvidosas. Os tempos podem ser difíceis para aqueles que estão no plano competitivo, mas nunca podem ser assim para você; você pode criar o que quiser e está acima de qualquer medo.

Quando outras pessoas estiverem passando por momentos difíceis e situações econômicas ruins, você encontrará suas maiores oportunidades.

Treine-se para pensar e enxergar o mundo como algo que está se tornando, que está crescendo; e para considerar o mal aparente apenas algo subdesenvolvido. Sempre fale em termos de evolução; fazer o contrário é negar sua fé, e negar sua fé é perdê-la.

Nunca permita que a decepção se apodere de você. Você pode esperar alcançar algo em determinado momento e não o conseguir naquele instante, e isso pode parecer uma falha.

Mas se você mantiver sua fé, descobrirá que o fracasso é apenas aparente.

Continue a agir do Jeito Certo e, se não receber aquilo que deseja, receberá algo muito melhor e verá que o aparente fracasso, na verdade, foi um grande sucesso.

Um aluno desta ciência estava determinado a realizar uma certa negociação que, na época, parecia altamente desejável para ele. Ele dedicou várias semanas de esforço para concretizá-la. No entanto, quando o momento crucial chegou, a coisa falhou de forma completamente inexplicável; parecia que alguma força invisível estava trabalhando contra ele. Surpreendentemente, ele não ficou desanimado; pelo contrário: expressou gratidão pelo fato de que seu desejo não se concretizou e perseverou com uma mente grata. Em pouco tempo, surgiu em seu caminho uma oportunidade muito melhor, que ele nem teria considerado no primeiro momento; e ele reconheceu que uma Mente superior o impediu de perder um bem maior ao se envolver com algo menor.

É dessa forma que cada aparente fracasso trabalhará a seu favor se você mantiver a fé, permanecer focado(a) em seu propósito, cultivar a gratidão e se esforçar diariamente para fazer tudo o que estiver ao seu alcance, realizando cada tarefa de maneira satisfatória.

Quando você falha, muitas vezes é porque não buscou o bastante. Continue perseverando e certamente receberá algo maior do que estava buscando. Lembre-se disso.

Você não fracassará por não ter o talento necessário para fazer o que deseja. Se continuar seguindo minhas instruções, desenvolverá todas as habilidades necessárias para realizar seu trabalho.

Não faz parte do escopo deste livro tratar da ciência do cultivo de talentos, mas é tão certo e simples quanto o processo de ficar rico.

Entretanto, não permita que o medo de fracassar por falta de habilidade o detenha ou o faça hesitar; continue avançando e, quando alcançar aquele ponto específico, a habilidade necessária será concedida a você. A mesma fonte de habilidade que capacitou Lincoln, apesar de sua falta de educação formal, a realizar uma das maiores obras governamentais já realizadas por um único indivíduo, está disponível para você. Você pode acessar toda a sabedoria existente para ajudá-lo a cumprir as responsabilidades que lhe foram atribuídas. Mantenha-se firme na fé.

Dedique-se ao estudo deste livro. Faça dele seu companheiro de todas as horas, até que tenha assimilado completamente todas as ideias nele apresentadas. Enquanto você fortalece sua fé, é aconselhável reduzir suas atividades de lazer e evitar lugares onde ideias contrárias são promovidas em palestras ou sermões. Evite ler literatura pessimista ou que entre em conflito com os princípios aqui apresentados e limite-se aos autores mencionados no Prefácio. Utilize a maior parte de seu tempo livre para refletir sobre sua visão e cultivar a gratidão, além de ler este livro. Ele contém todo o conhecimento necessário sobre a ciência de ficar rico, e você encontrará um resumo de todos os princípios essenciais no próximo capítulo.

XVII.

RESUMO DA CIÊNCIA DE FICAR RICO

Existe uma substância pensante da qual todas as coisas são feitas e que, em seu estado original, permeia, penetra e preenche os espaços do universo.

Um pensamento, dentro desta substância, resulta na manifestação daquilo que é visualizado pelo pensamento.

Você pode formar coisas em seu pensamento e, ao imprimi-lo na substância sem forma, pode fazer com que esse pensamento se torne realidade.

Para fazer isso, você precisa deixar o pensamento competitivo e assumir uma mente criativa; caso contrário, não poderá estar em harmonia com a Inteligência Sem Forma, que é sempre criativa e nunca competitiva em espírito.

O ser humano pode entrar em plena harmonia com a Substância Sem Forma ao nutrir uma gratidão viva e sincera pelas bênçãos que ela concede. A gratidão unifica as nossas mentes com a inteligência da Substância, de modo que nossos pensamentos sejam recebidos pela Substância Sem Forma. O ser humano só pode permanecer no plano criativo quando se une à Inteligência Sem Forma, por meio de um sentimento profundo e contínuo de gratidão.

Você deve formar uma imagem mental clara e definida das coisas que deseja ter, fazer ou se tornar, e deve manter essa imagem mental em seus pensamentos, sendo profundamente grato ao Supremo pelo fato de todos os seus desejos serem concedidos. Aquele que deseja ficar rico deve passar suas horas de lazer contemplando sua Visão e agradecendo sinceramente pelo fato de a realidade estar sendo concedida a ele. Nunca é demais enfatizar a importância da contemplação frequente da imagem mental, aliada à fé inabalável e à gratidão devota. Esse é o processo pelo qual a impressão é dada à Sem Forma e as forças criativas são postas em movimento.

A energia criativa opera por meio dos canais estabelecidos de crescimento natural, bem como da ordem social e econômica. Tudo o que está incluído na visão mental certamente será manifestado para aqueles que seguem essas instruções com fé inabalável. O que se deseja será alcançado por meio das oportunidades e dos recursos disponíveis na sociedade atual.

Para receber aquilo que é seu, é necessário agir de forma proativa. Isso significa mais do que apenas desempenhar as suas obrigações cotidianas. É preciso manter o foco no Propósito de enriquecer por meio da realização de sua imagem mental. É preciso fazer, todos os dias, tudo o que puder ser feito, cuidando para que cada tarefa seja cumprida com sucesso. Além disso, é importante oferecer valor adicional em todas as interações, garantindo que cada transação contribua para gerar mais vida. E é fundamental manter o Pensamento de Evolução, de tal forma que a ideia de Crescimento influencie positivamente todos ao seu redor.

Os homens e as mulheres que praticarem essas instruções certamente ficarão ricos, e as riquezas que receberem serão exatamente proporcionais à clareza de sua visão, à determinação de seu propósito, à firmeza de sua fé e à profundidade de sua gratidão.

Compartilhando propósitos e conectando pessoas
Visite nosso site e fique por dentro dos nossos lançamentos:
www.gruponovoseculo.com.br

 facebook/novoseculoeditora

@novoseculoeditora

@NovoSeculo

novo século editora

gruponovoseculo
.com.br

Edição: 1ª
Fonte: Minion Pro